AtV

Erwin Strittmatter wurde 1912 in Spremberg als Sohn eines Bäckers und Kleinbauern geboren. Bis zum 17. Lebensjahr Realgymnasium, danach Bäckerlehre. Arbeitete als Bäckergeselle, Kellner, Chauffeur, Tierwärter und Hilfsarbeiter. Im Zweiten Weltkrieg Soldat, desertierte er gegen Ende des Krieges. Ab 1945 arbeitete er erneute als Bäcker, war daneben Volkskorrespondent einer Zeitung und seit 1947 Amtsvorsteher in sieben Gemeinden, später Zeitungsredakteur in Senftenberg. Lebte seit 1954 als freier Schriftsteller in Dollgow/Gransee. Er starb am 31. Januar 1994.

Romane: Ochsenkutscher (1951), Tinko (1955), Der Wundertäter I-III (1957/1973/1980), Ole Bienkopp (1963), Der Laden I-III (1983/1987/1992).

Erzählungen und Kurzprosa: Pony Pedro (1959), Schulzenhofer Kramkalender (1966), Ein Dienstag im September (1969), 3/4hundert Kleingeschichten (1971), Die Nachtigall-Geschichten (1972/1977/1985), Grüner Juni (1981), Lebenszeit (1987), Vor der Verwandlung. Aufzeichnungen (hg. von Eva Strittmatter, 1995). Aus Tagebüchern: Wahre Geschichten aller Ard(t) (1982), Die Lage in den Lüften (1990). Dramen: Katzgraben (1953), Die Holländerbraut (1959).

»Es sind Aufzeichnungen seiner letzten Lebensmonate: Eine Art Tagebuch, das zugleich aufhebt, was an unerledigten Stoffen noch liegenblieb. Eine Schule des Wahrnehmens, die begierig macht, hinsehen zu können wie er, bis alles sich unter dem Blick belebt.«

Frankfurter Rundschau

» ›Als mich die erste Grasmücke begrüßte, wußte ich, daß ich mich dieses Jahr noch nicht verwandeln würde‹, heißt es in seinen Aufzeichnungen. Dieser letzten Gewißheit verdanken wir ein feines Buch.«

Die Zeit

Erwin Strittmatter

Vor der Verwandlung

Aufzeichnungen

Herausgegeben von
Eva Strittmatter

Aufbau Taschenbuch Verlag

Mit einem Nachwort von Eva Strittmatter

ISBN 3-7466-5431-9

1. Auflage 2000
Aufbau Taschenbuch Verlag GmbH, Berlin

Umschlaggestaltung Preuße & Hülpüsch Grafik Design
unter Verwendung eines Fotos von Rainer Fischer
Satz LVD GmbH, Berlin
Druck Elsnerdruck GmbH; Berlin
Printed in Germany

www.aufbau-taschenbuch.de

Am Ende meines *Laden*-Romans versprach ich den Lesern etwas von hier, wo wir wohnen, und von dem, was wir hier erlebten, zu erzählen. Das hat falsche Vorstellungen ausgelöst. Wenn ich die erfüllen würde, müßte ich meine letzten Lebensstunden als Verpönter verbringen.

Es gab zwei Gründe für mein leichtfertiges Versprechen. Der erste: Ich sprach von meinem Tod und meinem Leichenstein. Das klang traurig, vielleicht auch selbstmitleidig.

Der zweite: Ich bin mehr, als ich zugeben möchte, von der Theorie angeschimmelt: Bücher müßten positiv enden. Das war zu einer gewissen Zeit die Meinung von herrschenden Funktionären in unserem Ländchen. Was hat sich da der Brecht nicht alles von den Schläulingen anhören müssen, als er seine *Mutter Courage* unbelehrt und nicht als Heldin, die den Krieg besiegte, sondern zu neuen Geschäften von der Szene gehen ließ. Denen, die ihm das zum Vorwurf machten, und das waren sehr viele, sagte er, man dürfe das Publikum nicht entmündigen, man müsse es die Quintessenz des Stückes selber finden lassen. Und er schien davon überzeugt zu sein. Oder sollte er, den ich den *listigen Augsburger* nenne, instinktiv geahnt haben, daß die Kriege, bei der Menschheit, wie sie jetzt ist und wie sie noch lange bleiben wird, nie aufhören werden?

Es war im vorigen Jahr, fast um die gleiche Zeit, der Frühling schickte seine weißen Hungerblümchen vor, und an versteckten Stellen blühten Taubnesseln, als wünschten sie, man möge kein Aufhebens von ihnen machen. Ich schirrte mein

Auto an und fuhr in die Niederlausitz. Dort lag mein Bruder in einem Landkrankenhaus. Vor Jahren ließ er sich rechts und jetzt ließ er sich links eine Kunsthüfte einsetzen. Er begrüßte und verabschiedete mich, um mir seine fortschreitende Genesung vorzuführen, mit erhobenen Krücken, war stolz, und sein Glück bestand darin, daß er eine Minute ungestützt stehen konnte, ohne umzufallen. Es gibt tausend Arten von Glück.

Ich fuhr weiter, um meine Heimatstadt zu besuchen. Es gibt dort Kinder und Enkel von verstorbenen Freunden, die mich Onkel nennen, wohl auch dieses oder jenes meiner Bücher gelesen haben und meinen, mich nun so zu kennen, wie ihre Eltern mich gekannt haben. Bis vor Jahren hielt ich mich für einen verpfuschten Sohn meiner Heimatstadt, doch dann ernannte man mich dort zum Ehrenbürger, und es blieb dabei, auch als die Wellen vom Rhein nach hier überschwappten. Die Ehre – was hats auf sich mit ihr, wie haltbar ist sie? Wir werden noch drauf zu sprechen kommen.

Mein Neffe, der den überdiesig gewordenen Hund *Stalin* in die Nase biß, ihr wißt, im dritten Buch der Geschichte vom *Laden*, erbot sich, mich um die unübersichtlich gewordene Innenstadt von Cottbus herumzulotsen. Ich lasse mich nicht gern lotsen, aber ich war in Umarmungsstimmung.

Mein Neffe überfuhr eine *verkehrsreiche Landstraßenkreuzung* und entschwand. Nirgendwo eine Ampel, nirgendwo ein regelnder Polizist. Ich mühte mich, meinen Lotsen nicht zu verlieren, kam bis zur Kreuzungsmitte, hörte Blech auf Blech krachen, und mein Auto wurde gedreht wie eine Lokomotive auf der Drehscheibe beim Gleiswechsel. Das Krachen mit seinem Schweif aus Blechgekreisch hatte etwas mit mir zu tun. Der Fahrer eines Kohlenlasters hatte mich gerammt, hatte mein Auto zusammengequetscht bis auf den engen Raum, der zuständig für mein Weiterleben wurde.

Leute stiegen aus ihren Fahrzeugen, Radfahrer hielten an, der Unwille in ihren Gesichtern verwandelte sich in Neugier. Einen Augenblick lang himmlische Stille. Man zieht mich aus dem Auto, will wissen, ob und wo ich verletzt bin. Ich weiß es nicht, ich denke an Eva. Wie gut, daß sie nicht neben mir saß. Der Fahrer des Kohlenlasters schleppt einen blankgescheuerten Wirtshausstuhl heran und stellt ihn an den Rand des Chausseegrabens. Dort steht der Stuhl und bietet seine Sitzfläche an, Passanten versuchen, mich zu ihm hinzuschleppen. Ich wehre mich. Ich kann ohne Hilfe hinüber. Eine unbekannte Kraft, eine Gotteshand zum Beispiel, wie ich sie mir als Dorfschüler vorstellte, hat eingegriffen. Ich bin aufgespart worden.

Das große Schweigen taut auf. Fragen, Zurufe, lautes Gerede. Die Polizei kommt. Signale treffen mich wie Messerstiche. Nur nicht ins Krankenhaus! Ich habe versprochen, im Spätsommer, zu meinem achtzigsten Geburtstag, ein Buch zu Ende zu bringen. Der Verleger drängt. Alles ist schon auf die Produktion eingestellt. Ich muß es zu Ende schreiben.

Obwohl ich mich sperre, werde ich abtransportiert. Ärzte betasten und behorchen mich. Für sie hat sich ein Haufen ethischer Pflicht zusammengeschoben. Sie müssen ihn aufarbeiten. Ein mit Flüssigkeit gefüllter Ballon aus Plaste hängt über mir. Er ähnelt den Schweinsblasen, mit denen wir als Kinder bei den Schlachtefesten auf den Bauernhöfen spielten. Sein Inhalt rinnt langsam durch Röhren in mein Geäder. Mir ist, als spiele man eine Szene aus dem Fernsehen nach. Aber dann fragt einer der Ärzte, ob ich meine Pferde noch hätte, und ich fühle mich ein wenig zuhausiger. Ein anderer Arzt erzählt mir, daß er mit einem meiner Söhne in die Schule gegangen sei. Überall Menschen, denen man nicht fremd ist. Ist man nicht überhaupt mit allen Menschen unter dem Himmel und auf der Erde verwandt?

Es ist Nacht. Das Krankenzimmer ist dunkel, Straßenlicht sickert herein. Die Mitpatienten, ein junger und ein alter, sind lahm. Der ältere hat, bevor er einschlief, ausgiebig onaniert. Sein Entzücken war nicht zu überhören. Das Geschnarch der beiden macht die Krankenstube zittern.

Ich öffne das Fenster. Die angefrostete Frühlingsluft schleicht um das Krankenhaus. In den Ahornbäumen auf der Parkwiese knackt es, wie wenn Sprengsel in Sommerwiesen durchs trockne Gras springen. Die Knospen arbeiten an ihren gelbgrünen Blättern. Morgen oder übermorgen werden sie sie hinausschieben.

Am Nachmittag auf der Landstraße war ich glücklich. Jene Kraft, von der wir nichts Rechtes wissen, hatte mich dem Tode entzogen, und ich wußte so sicher, wozu sie mich aufsparte. Jetzt aber hat Lebensüberdruß diese Zuversicht verdrängt. Es ist, als ob er im Dunst der nächtlichen Krankenstube gekeimt hätte und aufgegangen wäre. Der Gedanke vom Todesaufschub erscheint mir irreal, metaphysisch, eine überhebliche Anwandlung meines Ichs. Ich verspüre keinen Funken Lust, mich wieder mit dem Roman zu befassen, an dem ich jahrelang schrieb. Eva hatte Schwächen am Ende des Manuskripts entdeckt. Sie suchte ihre Entdeckung zu verbergen, versuchte, es vor sich selber zu verbergen. Genug, genug, mag sie gedacht haben, daß einer mit achtzig Jahren noch einen Roman schreibt. Der alte Kerl hat sich genug geplagt, es kann kaum noch Kraft in ihm sein, das Buch mit der Endgültigkeit zu vollenden, die ich mir wünsche. Sein Alter wird ihm die Verzeihung der Leser eintragen, falls auch sie enttäuscht sein sollten. Sie versuchte mir einzureden, der Roman könne durchaus, so wie er eben sei, als fertig gelten.

Wie fein gesagt, und doch erfaßte ich die Einschränkung. Das hieß für mich, Unzutreffendes zu Treffendem, Ungenaues zu Genauem, Unpoetisches zu Poetischem umzuarbeiten und die schon unelastisch gewordenen Hirnzellen noch einmal zu quälen. Weshalb nur war der Autounfall zu etwas so Stümperhaftem geraten. Ich werde von der schon so oft erlebten Absicht beschlichen, selber über meinen Tod zu verfügen. In so Augenblicken fühle ich eine Pistole in der Hand, spüre das kalte Metall an meiner Schläfe, ich höre den Knall, aber ich vermisse danach die Befreiung, auf die ich hoffte. Es ist das Nacherleben vom Selbstmord meines Großvaters väterlicherseits, das sich in meine Gene gebohrt hat.

Die ganze Nacht lang lag ich wach. Mit der Zeit schiens

mir absurd, mich aus dem Leben zu schleichen, da feststand, daß mir künstlerisch etwas nicht gelungen war. Ich mußte hier weg und heran an mein Werkstück.

Ich überredete die Ärzte und unterschrieb zu deren Beruhigung, daß ich mich ihrer Obhut auf eigenen Wunsch entzöge.

In der Schrottsammelstelle sah ich mir den total zerquetschten Wagen an. Sentimentalität wollte mich befallen. Das erste Mal im Leben hatte ich zu einem Auto eine persönliche Beziehung.

Im Fernsehen labern Quatschköpfe, wie man die Zahl der vorhandenen Autos halbieren könne. Gewiß ist keiner von ihnen zu Fuß in die Sendestation gekommen. Ich habe jedenfalls mein Auto verschwinden lassen.

Ich legte die beiden letzten Mappen vom Manuskript des *Laden III* als fertig ab und fühlte mich dennoch nur halb befreit. Evas *Segen* fehlte noch, aber danach müßte ich fertig sein mit der Arbeit. Schwer zu glauben, daß ich nach fünf Jahren Schreibscharwerken in eine relative Freiheit vorgestoßen sein sollte.

Eva lag mit einer steifen Grippe. Es konnte noch einige Tage dauern, bis sie mit Objektivität würde lesen können. Ich, der alte Mann, habe fünf Jahre an einem Roman geschrieben. War das zulässig? Sollte man ein Buch nicht mit Beschwingtheit schreiben, oder brauchte ich soviel Zeit, weil ich eben nur die Augenblicke der Beschwingtheit fürs Schreiben nutzte?

Es ist nicht zu verkennen, daß die Lethargie in mir Land gewann. Das unlukrative Vorbedenken breitet sich frech in mir aus. Ich ließ mir zum Beispiel einen Tritt bauen, von dem aus ich leichter auf mein isländisches Schimmelchen steigen kann. Im Grunde lächerlich. Ich sah Fotos, die zeigten, daß sich Kaiser Wilhelm II. ein Tribünchen heranschieben ließ, um auf sein Roß zu kriechen. Gewiß ritt Wilhelm nicht ohne Begleitung durch die Wälder. Wenn ich unterwegs absitzen muß, wie wirds dann mit dem Aufsteigen? Lange Strecken neben dem Pferd herzulaufen fällt mir schon schwer, und wenn ich das vorausbedenke, seh ich leider oft vom Reiten ab. Deshalb bevorzugte ich in den letzten Monaten das Autofahren, doch damit ists zur Zeit aus. Ich bin ein Wildfasan, dem man die Flügel stutzte, um ihn zwischen Hausgeflügel halten zu können.

Ich hocke in der Küche. Der Eisschrank summt unaufdringlich, summt und summt. Es erinnert mich an das Summen in den Moorbädern von Pieštany. Dort war es mit der Erlösung von Schmerzen und einem aufkommenden Wohlsein verbunden.

Eva las trotz ihrer aufdringlichen Krankheit die beiden letzten Mappen des Romanmanuskripts. Alles einwandfrei, sagte sie, wenn ich noch ein Kapitel anhängen würde. Ich hätte den Lesern vorenthalten, wie es mit den Hauptpersonen ausgehe und wie das soziale Gewebe des Heimatdorfes zerbröckele. Das traf mich. Zuerst wars mir nach Nervenzusammenbruch. Es war nun das vierte Mal, daß ich glaubte, mich vom Roman verabschiedet zu haben.

Schließlich überwand ich mich und scharrte Fakten für das noch fehlende Kapitel zusammen. Ich hatte vor, es im testamentarischen Stil zu schreiben. Am nächsten Tag hatte sich alles deutlich formiert, was ich zu tun hatte. Dann schrieb ich los. Der Anfang war, wie mir schien, geglückt. Ohne ihn gemacht zu haben, wäre es mir unmöglich gewesen, nach Leipzig zur Buchmesse zu fahren.

Als ich in der Koje des Verlages erschien, wurde ich von Lesern, Lauschern und Interviewern umringt. Sie gingen mit mir wie mit einer Rarität um, als könnt ich, wie eine Seifenblase, gleich platzen und nicht mehr da sein. So sichtbar sind mein Alter und meine Klapprigkeit nun schon, oho! Ein Journalist schrieb, ich wäre mit altersmüdem Gang zwischen den Kojen der Verlage einhergegangen, hätte nicht nach links und nicht nach rechts gesehen und hätte gemurmelt, daß ich mich nie, nie mehr irgendwelchen Ideologien hingeben würde. Messejournalismus!

Bei der Abendveranstaltung im Gohliser Schlößchen wurde ich von den Zuhörern mit solcher Liebe empfangen, daß mir die Tränen in die Augen wollten. Normalerweise faßt der Saal zweieinhalb Hundert Besucher, aber es waren vierhundert drinnen. Wer nicht sitzen konnte, stand, saß auf dem Fußboden oder lag. Besonders viele Jugendliche. Das freute mich. Am Schluß meiner Vorlesung Beifall und Beifall. Vielleicht zahlte sich aus, daß ich in der vergangenen Zeit nicht auf jeder Hochzeit tanzte.

Nach der Heimkehr war mein Blutzucker so hoch, daß keine Latte ausreichte, ihn zu messen. Ich diktierte weiter auf mein Tonbändchen, immer noch das letzte Kapitel vom *Laden III.*

Am nächsten Tag mußte ich wissen, ob ichs getroffen hatte. Ich las Eva vor, was ich abdiktiert hatte. Sie sagte: Glänzend! Aber dann war doch noch etwas, was ihr nicht gefiel: der Dialog zwischen Esau Matt und Clara Schupank wäre zu steif.

Ach, ach, ach! Ich bastelte an diesem Dialog, machte ihn flüssiger und ansehnlicher, und ich hätte das, was nun auf dem Band war, Eva gern vorgespielt, aber es war nicht an sie heranzukommen. Ich mußte meine Spannung in den nächsten Tag hineintragen, deshalb setzte ich mich an die Maschine, spielte mir den Dialog vom Tonband herunter in die Ohren und schrieb ihn auf.

Ich zeigte Eva das Abgeschriebene. Sie war zufrieden. Ich konnte nicht fassen, daß der Roman nun wirklich fertig sein sollte, noch dazu an einem so lieblichen Datum, am fünfzehnten Mai. Ich wollte Eva umarmen, aber das durfte ich nicht, ihre lange Grippe war noch etwas länger geworden, lang wie die lange Lene.

Manchen Tag, an dem ich den Roman schrieb, meinte ich, Eva hätte mich bedrängt, ihn zu schreiben. Ich schrieb unwillig, aber selbst wenn es so gewesen wäre? Geschieht etwas ohne Notwendigkeit?

Jetzt mußte ich mich auf ein Rentnerleben einstellen, mußte, so unangemessen es sich auch anhört, *abtrainieren* und aufmerken, daß ich nicht in das Loch fiel, in dem die Depressionen hausen.

Aber zwei Tage später klopfte der Versucher an. Mein neues Buch, sollte es nicht vielleicht *Vor der Verwandlung* heißen? Ich vertrieb den Versucher. Nein, nein, nein, keinen Roman mehr! Jetzt sind es neun, und mehr sollen es nicht werden! Nein, ich wollte lieber durch die Wälder streifen.

Einige Jahre zuvor war die Höhle in der Kiefer entstanden, von der ich rede, und sie wurde die Wohnung eines Spechtpaares. Jahr für Jahr zog das Spechtweibchen seine Jungen darin auf. Aber dieses Jahr hat sich ein Kleiberpaar dort eingenistet. Mein täglicher Rückweg vom See her führt an dieser Kiefer vorbei. Auf meinen Spazierwegen versuche ich ein wenig zu forschen, vielleicht auch nur, um meine Neugier zu befriedigen. Sie gehört zu meinen Alterslüsten. Denkt ja nicht, daß die schon eingetrocknet sind.

Das Kleiberweibchen sitzt auf seinem Gelege. Schon wenn mein Hund Äsop an der Kiefer vorüberläuft, gehts los mit der Aufregung bei den Kleibers. Das Männchen beobachtet uns aus der Ferne. Bis ich heran bin, ist auch das Weibchen aus der Höhle und gesellt sein Geschimpf dem Gezeter des Männchens bei. Die Kleiber beweisen mir, daß sie wirklich das können, was die Vogelbuchschreiber von ihnen behaupten, nämlich kopfheister an Baumstämmen hinunterlaufen. Andere Vögel sollen das nicht können. Ich bin nicht so sicher. Seht, da tut sich meine Alterslust, die Neugier, schon wieder auf und bedrängt mich zu beobachten und zu beobachten. Es gibt da kein Ende.

Sollten die Kleiber nicht endlich dahinterkommen, daß wir ihnen nichts wollen. Äsop klettert nicht auf Bäume und ich schon lange nicht mehr. Vielleicht sind die Erregungen gar nicht gut für ihre Seele und für ihre Brut. Aber sie können doch auch nicht verlangen, daß ich einen anderen Weg nehme und auf meine Alterslüste, die kleinen Forschungen, verzichte.

Der Waldmeister im Vorgärtchen blüht zärtlich. Der Jasmin hat Knospen getrieben, der Heliotrop, der noch in Töpfen steht, duftet so stark, daß man annehmen muß, die Blumenzüchter hätten an den Duftgenen der sonst so scheu von sich reden machenden Pflanze gedreht. Schlehen und Pflaumen, Kirschen – alles blüht heuer ungeheuer, und am Friedhofshügel reckt sich das Steile Turmkraut, dessen Namen ich erst seit drei Jahren kenne. Aber was will das besagen. Es könnte ebensogut Gereckte Friedhofsblume heißen. Hauptsache, es gibt sein individuelles Aussehen nicht auf.

Ein Spatz schleuderte sich aus dem blühenden Fliederbusch, als wäre es ihm da drinnen zu süß geworden.

Da ist die Kiefer in dem Waldstück, um das wir herumgingen, als wir vor achtunddreißig Jahren das erste Mal ins Wiesental einbogen. Jetzt gehört diese Kiefer zu den Bekannten, die wir im Ort haben. Für ihr Alter von fünfzig Jahren ist sie recht schmächtig. Der Specht fand heraus, daß sie ein krankes Herz hat, und richtete sich im Kieferninnern einen Hausstand ein. Irgendwo habe ich gelesen, weshalb Spechte bei ihrer Holzmeißelei keine Gehirnerschütterungen kriegen, sie kriegen einfach keine, und die Zoologen machen sich Kopfschmerzen, weshalb sie welche und die Spechte keine kriegen. Jährlich Mitte Mai kochen die Jungspechte in der Baumhöhle ihr Süppchen, girren und girren und verraten sich mit zunehmendem Alter.

Als mich die erste Grasmücke begrüßte, wußte ich, daß ich mich dieses Jahr noch nicht verwandeln würde.

Aus dem Nordfenster meiner Arbeitsstube sehe ich auf ein Haus, das von den An- und Umbauten seiner verschiedenen Bewohner verkrüppelt wurde. In diesem Haus waren wir in den vierzig Jahren, die wir hier wohnen, ein einziges Mal. Wir verabschiedeten uns damals in der großen Stube von einer Frau, die unsere Abschiedsworte nicht mehr hörte. Ja, so ist das, sagt einer unserer Nachbarn nach jedem zweiten Satz.

Damals hatte das verkrüppelte Haus noch einen Vorgarten, und die Grenze zum Waldweg war mit Fliederbäumen markiert, und wenn die blühten, arbeiteten unsere Bienen und orgelten darin und holten sich, was sie brauchten.

Als wir das Wilhelminele das erste Mal sahen, wohnte sie noch im Dorf und war die Frau des Dorfbürgermeisters. Ihr Mann war in Amtsgeschäften außerhalb. Sie empfing uns mit einem Sichelgesicht voll übertriebener Freundlichkeit. Ich war für sie der Herr Nobelpreisträger, und Eva war mein Töchterle. Das mit Väterle und Töchterle korrigierten wir nicht. Ich war alt, und Eva war jung, und verheiratet waren wir nicht. Aber das mit dem Nobelpreis ließen wir nicht auf uns sitzen. Es war der Nationalpreis dritter Klasse, mit dem mich die Oberen unseres Ländchens ausgestattet hatten. Ich nahm ihn nur zu gern an, denn ich war noch auf Ehren aus und lüstern, jene Leute, hauptsächlich in meinem Heimatdorf, ins Unrecht zu setzen, die da gesagt hatten: aus dem wird nie was. Außerdem war Brecht für mich der Nachkriegsmustermensch, einer, der sich aus meiner damaligen Sicht stets und überall richtig verhielt. Er gehörte zu den ersten Künstlern, die diesen Nationalpreis in unserem blutjungen Ländchen angesteckt kriegten, natürlich nicht reibungslos, versteht sich. Sie wollten ihm den Preis zweiter Klasse geben, aber er machte den Ost-Emigranten, die den West-Emigranten nicht wohlgesonnen waren, klar, wie politisch unklug sie handeln würden, wenn sie ihn, der nach manchen Erwägungen sich schließlich entschlossen hatte, im Ostland zu wohnen, als zweitklassig einstufen würden. Und siehe, die Ost-Emigranten zeigten sich einsichtig und gaben ihm den Nationalpreis erster Klasse. Er trug ihn bei allerlei Gelegenheiten so öffentlich wie kein anderer. Als wir einmal aufs Land fuhren, um mit Genossenschaftsbauern zu reden, sah man an seiner grauen Litewka nicht nur die Ordensspange, es baumelte auch der goldene Nationaltaler im Winde. Kann sein, daß die Helene, die Weigel, ein bissel dazugeholfen hatte, aber ein Foto von damals dokumentiert es. Also so etwas hatte ich nun auch, aber zu einer Zeit, da Ernst Busch schon von einer Massenorganisation der Nationalpreisträger sprach. Bei den Landleuten hier schien ich jedoch mit meinem Preis im Range eines Ministers zu stehen. Aber davon später.

Zunächst noch ein bissel was vom Wilhelminele. Sie war eine schwäbische Bürgermeisterstochter mit *Fehltritt.* Doch jetzt war sie in Partei und Bürgermeistersfrau. Ihr Fehltritt war bissele wie ausgewetzt. Leider waren ihre Eltern im Schwarzwald nun schon tot und konnten es nicht zu wisse kriege, daß ihr Wilhelminele nunmehrig selber Schultheißin war und daß ihr Fehltritt, der Albert, den sie geheurat hätt, so arg gefehlt nicht war. Und zu uns sagte sie, wenn ihr 'ämoal nach Waldbach kommt, fragt nach der Watzmerstroaß, das ist die Stroaß, wo nach meim Vater benannt ist, dem Schultheiß Watzmer, und i bin sei Tochter. Wir mußten ihr wieder und wieder versprechen, in Waldbach nach der Watzmerstroaß zu fragen.

Wir gingen zum Feuerwehrball ins Hauptdorf und feierten unseren Einkauf, ließen was springen, kratzten uns ein.

Man plazierte uns zu den Bürgermeistersleuten, zum Wilhelminele und Albert, dem Fehltritt. Albert wirkte leicht gedunsen und roch nach Zwiebeln. Sein Haar war strohgelb. Er färbte es mit dem Sud von Zwiebelschalen. Es war modern gekämmt, Scheitel oberhalb der Schläfe, alles Haar überm Scheitel auf die Brache des Mittelkopfes geschmissen. Er machte Eva Komplimente, duzte sie und nannte sie Genossin, aber Eva war keine Genossin, damals noch nicht, nein.3

Ich wartete alle Walzer ab, die die Dorfkapelle spielte, denn Walzer linksherum will sich mir bis heute nicht, und endlich spielten sie einen degenerierten Tango, und ich forderte das Wilhelminele auf, und als ich sie umfaßte, erschrak ich, weil in ihren Kleidern schon fast nichts mehr drin war, und ich schob sie, wie man eine, die nur noch schlecht zugange ist, durch den Straßenverkehr einer Großstadt schiebt.

Hin und wieder gibts einen Tag, an dem es mir gelingt, mich leben zu lassen. Der Wille, literarisch noch was zu tun und es der Umwelt vorzuweisen, schläft. Ich bin mir gewiß, daß es nur die Wünsche der Leser und der Verleger sind, die ich glaube erfüllen zu müssen. Freilich steht dahinter meine Eitelkeit. Eine sanfte Gier treibt mich, dann und wann noch Bewunderung einzuheimsen. Seht an, hör ichs flüstern, er holt noch mit seinen achtzig Jahren was aus sich heraus. An manchen Tagen trägt mein Schreibdrang eine andere Maske: ich wähne, der Umwelt etwas vorzuenthalten, was nur ich sehe, was nur aus meinem individuellen Gesichtswinkel erblickbar ist, was für andere erst erkennbar wird, wenn ich es aufgeschrieben habe. Erst wenn auch dieser Trieb schweigt, mich nicht piesackt, gibts einen Tag, an dem ich mich leben lasse, an dem mir per Intuition zugeraunt wird: Alles, alles wird sich von selber ergeben, all dein Gewille und Gewolle ist nutzlos. Das ist dann ein Tag, an dem mich das Leben trägt. Aber sollte das bei dem Haufen Leben, der hinter mir liegt, und nach dem, was ich erfuhr und aus meinen Erlebnissen kelterte, nicht immer so sein?

In diesem Bereich hat der Wille nicht mitzureden. In diesen Gefilden wirkt die innere Stille, sie ist willentlich nicht herzustellen.

An einem solchen Tag freu ich mich, daß ich bin, und ich brauche nichts als dieses reine Sein zu spüren. Und wenn ich zwei solcher Tage hintereinander habe, wähne ich, der Himmel sei auf mich gefallen oder ich bin ohne Billett in ihn hineingerutscht. Aber noch etwas: Diese Freude am bloßen Sein macht, daß die Grenzen zwischen Leben und Tod verschwinden und die Gewißheit da ist: Du wirst fort und fort sein, in welcher Form auch immer.

Das Wilhelminele, Gott ja, es trug Schuhe, manchmal flache, manchmal solche mit Absätzen, aber es kam mir immer so vor, als wäre sie in ihren Schuhen nicht zu Hause, als hätten die Schuhe sie überfallen oder als würde es sich um Zufallsbekanntschaften handeln oder als hätte das Wilhelminele Füße, die für keinerlei Schuhe eingerichtet waren. Wir trafen uns mal hier, mal dort, das Wilhelminele und ich, wir redeten über den Bua, Wilhelmineles Sohn, von dem noch die Rede sein wird. Oder wir redeten, und das tat das Wilhelminele allein, wie anders jetzt alles ist und kein bißle mehr so wie jemals zu ihrer Zeit in Waldbach, wo das Wilhelminele als wohlbehütetes Schultheißentöchterle einherging, von der Mutter ermahnt, vom Vater bewacht, und daß die Frühlinge dennemals viel schöner gewesen wären als heute und hier. Meistens aber sprachen wir über Gott, und das Wilhelminele hätt so gern gehört, daß ich über ihn, den ich gar nicht kannte, etwas ausgesagt hätt. Es vertraute mir, das Wilhelminele, es hielt mich für lauter, weil ich Bücher schrieb, es wüßte, daß jetzt kein Jahrzehnt wär, über Gott zu sprechen, Gott wäre sozusagen vom Staate her verboten, besonders für sie und ihren Fehltritt Albert, weil sie doch beide in Partei wärn, sie vielleicht so mehr mit nur einem Bein, aber immerhin. Sie müsse verschwiege mit Gott umgehn, damit man ihrem Fehltritt, dem Albert, das Schultheißenamt nicht nähme. Ich verbesserte sie, ich sagte, es heiße hier in unserer Gegend nicht Schultheiß, sondern, wenns hoch kommt, Bürgermeister und amtlich eigentlich Vorsitzender des Rates der Gemeinde.

Aber es war so, als hätt ich es dem Winde gesagt. Das Wilhelminele war sogleich wieder bei ihrem Herrgöttle. Es gäbe ihn nicht, mußte ich ihr sagen. Er habe alle Ansprüche verloren, besonders für Leute, die einen Fragebogen ausgefüllt hätten, um in Partei hineinzuwerden, und eine Art Eid abgelegt hätten, nur zu glauben, was ihnen Parteifunktionäre, nicht irgendwelche himmlischen Wesen offenbaren.

Aber man müßt ja nicht grad vom Herrgott reden, man könnte ihn ja anderswie benimen, Himmelsschultheiß zum Beispiel, empfahl das Wilhelminele.

Als ich sie das nächste Mal traf, ging sie schwankend in ihren Schuhn, die sie nicht anerkannten, bergaufwärts durch den kleinen Auenwald zum Hauptdorf hin. Dort grünt es besonders früh im Jahr. Und das Wilhelminele verriet mir, daß sie sich einen noch neueren Namen für den Herrn aller Herren ausgedacht hätte, man müßte ihn Sternenwächter nennen, denn das sei wissenschaftlich erwiesen, daß er seine Herrschaft nicht nur auf Erden ausübe. Ich sagte nichts dazu, obwohl mir der poetische Name, den das Wilhelminele erfunden hatte, gefiel. Immer wieder, wenn wir uns trafen, mußte ich mich ihr hinhalten und zuhören, sie mußte herausgespitzt haben, daß ich als Schriftsteller besonders aufs Hinhören aus war und daß mich ihr Suchen nach dem, was die Welt im Innersten zusammenhält, neugierig machte. Ach, sie war schlau, sogar ein wenig listig, die Wilhelmine, und es schien Berechnung drin zu liegen, daß sie mit ihrem Schuhwerk nicht Frieden schloß, da wirkte sie unbeholfener. Sie rechnete damit, daß man ihr diese und jene Marotte, die vorteilig für sie war, nachsah und entschuldigte. Solang wie ich dich jetzt kenn, sagte sie, merk i, daß du weißt, daß hinter allem ein gewisses Eppes steckt, was nur die Leut leugnen, die nicht hinter die Dinge gucke könn. Alles was geschieht, ist, auf die Läng gesehn, gut.

Ich wollte wissen, inwiefern der letzte, der große, Krieg gut gewesen wäre. Ihr Beweis war merkwürdig. Sie verzählte mir bissele was aus ihrem Lebe: Es habe damit begonnen, daß die Hitlerschen ihren Fehltritt Albert, der als kleiner Beamter im Kommunalen Dienst in Berlin arbeitete, beiseite gestellt habe, weil er dem Hitler nicht beizeiten zugejubelt hätt. Da habe ihr Albert einen kleinen Laden gemietet und mit Zeitungen und Schreibwaren gehandelt. In den Krieg habe man ihn nicht geholt, weil er alles, was sich oberhalb seiner Augenhöhe befand, doppelt und manchmal dreifach gesehen habe. Sie aber hätte Zeitungen ausgetragen. Als die Kriegs-Not anwuchs, habe sie Tag für Tag eine Dame getroffen, die habe einen weißen Spitz vor sich her laufen gehabt. Auf den Spitz hin hätten sie die Männer angeredet, vor allem Urlauber, die von der Front kamen, in Berlin pausierten und auf ein bißchen Vergnügen aus gewesen wären. Die Dame hätte sich für Olivenöl, französische Zigaretten, Cognac und holländische Würste mit den Urlaubern beschäftigt und habe sie ausgeraubt, bevor sie zu ihren Familien fuhren.

Ja gut, aber was habe das mit dem Eppes zu tun, von dessen Existenz mich die Wilhelmin überzeugen wollte? Gleich wirst staune, sagte sie. Als sie und ihr Albert nach dem Krieg hier aufs Dorf gekommen wären, hätte selbige Dame angefrorene Kartoffeln von den Feldern und halbfaule Äpfel aus den Straßengräben geklaubt, und es wäre auf Ehre und Gewissen die Dame gewesen, die in Berlin mit dem weißen Spitz promeniert wär, und sie habe in dem Haus gewohnt, das nun mein Haus wär.

Und das Eppes, was habe es damit zu tun?

Das Eppes sorge für Gerechtigkeit im Leben, denn jene Dame, die in Berlin, als die Bomben fielen, ihren weißen Spitz mit Persil gewaschen hätte und für die das Wilhelminele nicht vorhanden gewesen wäre, habe sich hier beim Albert die Lebensmittelkarten abholen müssen, und sie habe den Albert gewarnt, er solle aufpasse, daß die Dame ihn nicht verführe und dann Sonderzuteilungen von ihm verlange.

Es muß gesagt sein, daß die Leute, die das Wilhelminele mir beschrieb, tatsächlich bis zu ihrer Rückwanderung nach Berlin in unserem Hause gewohnt hatten. Der Mann war im Kriege Kompaniefeldwebel im rückwärtigen Dienst gewesen und gab sich hier als Heilpraktiker und Wunderdoktor aus. Und wirklich, da war in unserem Haus eine Kammer, und von der Kammer führte eine Falltür in einen versteckten Keller. Das wäre das Labor des Wunderdoktors gewesen. Dort habe ein Zentner Futterkalk gestanden, und der Wunderdoktor und seine Frau, die hätten nachts aus weißem Papier Pulverpäckchen gemacht und mit einem Druckkasten draufgedruckt, gegen welche Krankheiten die Pülverchen, deren Inhalte aus dem Kalksack geschöpft waren, helfen sollten, gegen Rheuma, gegen Gicht, gegen saures Magenstoßen, gegen Kopfschmerzen, gegen süchtiges Urinausscheiden, gegen Durchfall und Verstopfung und eben gegen Krankheiten, die den Leuten zu schaffen machten, und der Wunderdoktor erfand noch einige Krankheiten hinzu wie Lungenwürmer, die sonst nur in Schafen zu Hause sind. Aber in jedem Falle handelte es sich bei jedem Pulver um den gleichen Futterkalk, mit gemahlenen Heilkräutern verschiedener Art versetzt.

Außerdem züchtete das Gaunerpaar auf dem Gehöft, das wir jetzt bewohnten, Riesenschnauzer-Hunde. Sie waren begehrt. Noch in der Zeit, in der wir schon hier lebten, gingen kriegsvertriebene Ostpreußen und Bukowinadeutsche, die man hier in den Wäldern zugesiedelt hatte, in Horden mit Hunden und Spießen auf die Jagd nach Wildschweinen, und der Wunderdoktor ließ sich die Junghunde, die er lieferte, mit Anteilen an der Beute bezahlen.

Ich würde nicht so sicher von diesen Begebnissen reden und lieber veranschlagen, daß man mir, den man für einen Großstädter hielt, Halbmärchen auftischte, wenn ich nicht bei der Gartenarbeit Wildschweinköpfe mit Hauern und andere Skeletteile von Schweinen gefunden hätte, und ich finde sie noch heute, und die Nachbarn sagen, alles noch von den Honoraren des Wunderdoktors. Eines Tages aber hätten die richtigen Doktors die Pülverle des Wunderdoktors untersuchen lassen, erzählte das Wilhelminele, es sei eine Haussuchung angeordnet worden, und man habe unter der Falltür den Sack mit dem Futterkalk und den Druckkasten gefunden.

Die Frau hat alles verkauft, als sie den Mann einsperrten, und wäre wieder nach Berlin hin, aber um mit einem weißen Spitz auf Männerfang zu gehen, dazu wäre sie jetzt wohl zu alt gewesen.

Das Wilhelminele sieht mich triumphierend an, ihre Bäckchen glühn, und sie meint, wie eine blindgläubige Sektiererin, mich vom Wirken des Eppes, des großen Gerechtigkeitsverwalters, überzeugt zu haben. Ich bezweifelte, daß sich eine Himmelsmacht um Undämchen und Gauner kümmere. Das Wilhelminele ging gegen meine Zweifel an: Und doch gibts Eppes, wirst es noch erfahren, sagte es und stellte neue Beweise in Aussicht.

Zunächst etwas unter uns: Die Kammer mit der Falltür und dem Keller darunter gibt es noch. Die erste Zeit, als wir hier waren, kannte ich keine Stelle in der Kate, an der ich mich besser verstecken konnte als dort. Wenn ein Auto durch unser Wiesental schlich, dem man an seiner schwarzen Farbe ansah, daß es ein Funktionärsauto war, verschwand ich unter der Falltür. Die Berliner kamen meist, um mich für irgend etwas einzuspannen, einen Aufruf zu unterschreiben, an einer Resolution mitzuwirken oder irgendwohin zu fahren, um dort anwesend zu sein. Der Keller hat mir zu ungestörter Schreibzeit verholfen und zuweilen verhindert, daß ich politische Dummheiten unterstützte. Das nebenbei. Die kleine Kammer aber schützte mich vor dem Hauslärm. Ich saß auf dem Rand meines Klappbettes, hatte mir aus rohen Brettern ein Schreibtischchen zusammengeschlagen und unterlief den Hauslärm mit Schreibmaschinengeklapper. Das Maschinentischchen existiert noch. Es wird von Eva bewacht. Eines Tages sollte es unter die Äxte kommen, wie es hier heißt, doch Eva sah es rechtzeitig und entriß es den jungen Männern. Mich rührte das, ich hätte den Tischchen-Totschlag nicht verhindert, um nicht in den Verdacht der Über-Nostalgie oder der Selbstbeweihräucherung zu kommen.

Die Abneigung scheint Brecht mir eingepflanzt zu haben. Als ich von meiner ersten Moskaureise zurückkam und ihm erzählte, daß im Gorki-Museum aufbewahrt wird, was nach dessen Tode noch greifbar war, und daß da alles in Vitrinen hinter Glas stünde und daß in einer solchen Vitrine einer seiner Anzüge hinge wie im Verkaufsstand eines Kaufhauses und daß dieser Anzug Ärmlinge mit Löchern hätte, die mit einer groben Nadel gestopft wären, sagte Brecht: Das ist ja grrräßlich, und er verpflichtete mich, nach seinem Tode alles, was ich packen und greifen könnte, am Schiffbauerdamm übers Geländer in die Spree zu schmeißen. Ich kam zu spät, um mein Versprechen einzulösen. Ob er noch andere beauftragt hat, weiß ich nicht. Wo seine Litewken und Mützen geblieben sind, ist mir nicht bekannt. Ein Fahrer soll sich eine seiner Mützen angeeignet haben, aber der Fahrer ist tot, die Mütze gewiß mit Sperrmüll zusammen davongeführt. Zu mir kam durch die Vermittlung einer seiner Lieblingsschauspielerinnen ein Kugelschreiber, den sie ihm während einer Probe aus der Joppentasche gezogen hatte. Ich habe ihn nicht herangegiert. Ein wertvolleres Andenken fand ich in einem Moskauer Antiquariat. Es war als Kriegsbeute nach Rußland gegangen. Es ist der *Baal*, die erste gedruckte Fassung, mit handschriftlichen Eintragungen und Verbesserungen von Brecht selber.

Und noch etwas: In der Kammer über dem Keller mit der Falltür schrieb ich auf dem roh gezimmerten Schreibmaschinentisch den ersten Band meines *Wundertäters*. Ich dachte, ich schwörs euch, nicht an das Kellerlabor des Wunderdoktors, als ich dort schrieb, und ich weiß auch nicht, welche Schwingungen da mitgespielt haben. Jedenfalls rutschte ein wundertätiges Kind in meine Schreiberei hinein, und das war der Held und der Wundertäter selber, der die Menschen zwar nicht mit Futterkalk, sondern vorübergehend mit psychischen Kräften heilte, von deren Existenz er nichts wußte.

Weitere Erlebnisse aus dem sonderbaren Zweiundneunziger Jahr: Nun ist der dritte Teil des *Laden*-Romans im Verlag in Berlin. Ich hoffe, daß er sich dort behauptet. Man hat mir eine neue Lektorin zugeteilt. Ich fürchte, sie könnte zu akademisch auf das losgehen, was ich schrieb. Als ich den ersten Stoß Korrekturbögen zur Durchsicht zurückkriege, scheint sich meine Befürchtung leise zu bestätigen. Wir werden uns erst aneinander gewöhnen müssen. Frau Doktorin scheint meine stilistischen Besonderheiten, meine literarischen Eigenheiten, nicht gut genug zu kennen. Sie hat beim Lektorieren die Kollegen ihrer Zunft vor Augen: Was werden die von ihr sagen, wenn sie durchgehen läßt, daß ich in einem Absatz zweimal dasselbe Substantiv, dasselbe Verbum verwende. Was, wenn ich eigensinniger Schreibfrechling zuweilen nicht alles dudengerecht schreibe? Die Verfasser des Dudens wechseln von Auflage zu Auflage ihre Ansichten über die Schreibweisen dieser oder jener Wörter. Wie komme ich dazu, mich ihrem Diktat zu beugen?

Aber die Doktorin und ich, wir werden uns einigen. Ich spüre, sie ist bereit, auf meine Dummheiten einzugehen.

Eigenartige Tage, durch die ich nun gehe! Ich warte auf den nächsten Stoß Druckfahnen und nutze die Wartezeit, mich wieder auf ein leichteres Leben einzustellen. Jetzt muß ich nicht mehr damit beschäftigt sein, den Roman zu füttern und die Vergangenheit mit einem geistigen Echolot abzutasten. Jetzt lerne ich wieder, auf das Wirkliche, das mich umgibt, einzugehen. Ich beobachte zum Beispiel die Hummeln, diese sympathischen Insekten mit Maulwurfsfellen, und stelle erfreut fest, daß sie sich vermehrt haben, und sie haben sich vermehrt, weil wir hier weit und breit keine Imker mehr haben. Keine Bienen in den Kirschblüten, keine Bienen in den Apfelblüten, nur Hummeln, Hummeln. Die Imker der Umgebung haben ihre Bienenstände abgeschafft, weil ihnen der Honig nicht abgenommen wird, weil er von weither eingeführt und zu niedrigen Preisen verkauft wird. Konkurrenz, Konkurrenz bis ins Insektenreich hinein. Die Hummeln gefreuts, nun gehört ihnen auch der Honig, den ihnen sonst die Bienen davontrugen, und sie haben sich vermehrt, und sie schaffens mit der Bestäubung der Obstbäume, ich habe es verfolgt. Sie üben übrigens einen Reiz auf mich, den ehemaligen Dorfschuljungen, aus. Immer wieder überfällt mich leise Lust, einen Stamm, besonders von jenen schwarzen mit den roten Ärschen, auszugraben, sie in ein Behältnis umzutopfen und mich wie früher als Hummel-Imker zu versuchen.

Einen anderen Tag nutze ich die Wartezeit, um über den Wind nachzudenken. Man muß lange in den Wäldern leben, bis man weiß, was der Wind je von einem will, wenn er raunt, wenn er flüstert, wenn er heult, wenn er kratzt und schabt, wenn er bläst, wenn er springt, wenn er pustet, wenn er Atem holt oder hoch oben geht, wenn er webt, wenn er küselt, wenn er wirbelt. Man muß die Instrumente kennen, die er benutzt, die Bäume, die Sträucher, die Gräser, das Wasser. Man muß mit Überraschungen rechnen, wenn er plötzlich verhält und schweigt. Wind schläft, wenn er Wehens müd, zitternd im Pappelblatt, schrieb ich in einem Jugendgedicht. Er kann aufbrausen wie ein Riese und dir abfordern, daß du gekrümmt gegen ihn angehen mußt; er kann dir das Atmen verwehren und dich schlucken machen, er kann Gewalt entwickeln und dich hintreiben, wohin du nicht willst. Er kann dir den Hut entführen, daß du wie ein Aff hinter ihm her mußt. Soeben führt er mir vor, wie er knacken und krachen kann, wenn er die Bäume so schüttelt, daß sie ihre Kronen gegeneinander schlagen wie kämpfende Hirsche ihre Geweihe. Und wer sagt, etwas stinke gegen den Wind, ist ein Aufschneider, zumindest ein schlechter Beobachter.

Um zehn Uhr abends in der Dämmerung rief der Kuckuck, die Fledermäuse huschten durch die Schwüle, und der Flieder schleuderte zentnerweis Duft in die Nacht. Der Pfarrer, unser neuer Nachbar, wagte der andrängenden Mücken wegen seinen Wohnwagen nicht zu beleuchten.

Das junge Paar aus der Stadt kam mir unter dem Friedhofshügel entgegen. Es ist durch Wochenendbesuche halb und halb hier eingewachsen. Heute morgen lag sie tot auf dem Friedhof, sagte die junge Frau. Jetzt waren wir noch einmal dort und sahen, daß sie wer begraben hat. Die Tote, von der sie sprachen, war ihre Wochenendkatze. Sie hatten damit gerechnet, das anschmiegsame Tier würde wöchentlich wiederkommen und sich von ihrem kleinen Sohn streicheln und walken lassen. Hat die herrenlose Katze, die sich versuchte, einer Familie anzuschließen, die Katzenliebe eines Nachbarn überfordert, mußte sie, weil sie nicht seine Katze war, weg?

Das war die andere Seite des wundersamen Maiabends, da der Kuckuck bis in die zehnte Nachtstunde hinein rief.

Ob ihrs glaubt oder nicht, ich muß erst wieder lernen, Zeit zu haben.

Der Mai entwickelt eine Hitze, wie wir sie in vergangenen Jahren höchstens im Juli hatten. Der Frühling explodiert und lähmt zu den Mittagszeiten den Gesang der Vögel. Die schönen Tage des Jahres werden an einem Stück verfressen.

Nun sind wieder Korrekturfahnen eingetroffen, und ich muß alles da draußen auf sich beruhen lassen. Ich krieche in den Korrekturfahnen umher, wäge Worte, überprüfe Rhythmen und stöbere Worte auf, die besser mit anderen harmonieren würden, wenn sie näher beieinander stünden. Ich sehe, wie sie lauern und zittern, ob ich, der sie an falscher Stelle einpflanzte, sie erlösen werde. Erst wenn ich die Wünsche der falsch eingepflanzten Worte erfüllt habe, kann ich wieder einen Stoß Korrekturfahnen nach Berlin befördern und mich anderen, den vernachlässigten, Dingen und Zuständen der Außenwelt zuwenden.

Jetzt haben meine Wald-Ameisen die Grashalme untergearbeitet, mit denen ihr Hügelchen den milden Winter über begrünt war. Ein Heerhaufen von zehn Zentimeter Breite, Ameise bei Ameise, überquert meinen Fußsteig. Ich muß eine Weile suchen, bis ich erfahre, wohin es die Mei-Asen, wie Eva sie als Kind nannte, hintreibt. Sie ziehen zu einer Fichte jenseits des Weges, deren Rinde verletzt ist. An ihrem Stamm gehen Ameisenstränge hinauf und hinunter. Und was sie ernten, ob Harz oder Blatthonig, kann ich nicht erkennen. Nach einigen Tagen sind die Straßen der Ameisen zu ihren Melkbäumen nicht mehr zu übersehen. Kaum zu glauben, daß tausend mal tausend Füßchen Markierungen auf dem Weg hinterlassen. Vielleicht sind alte Ameisen drunter, die ihren Essig nicht mehr halten können, der dann die Gräser bleicht. Ich denke an alte Männer wie mich, denen von Zeit zu Zeit einige Tropfen in die Hosen gehen.

Die alten Weisen, nach deren Leben und Verhalten ich seit Jahren mein Leben einzurichten versuche, taten alles, was sie verrichteten, mit vollem Bewußtsein. Sie taten keinen Schritt, ohne zu verfolgen, wie sie ihre Sohlen beim Schreiten abrollten, und wenn sie beim Gehen einhielten, ließen sie auch ihre Gedanken abrollen und machten sich leer für Strömungen, die von irgendwoher auf sie zukamen und in sie eindrangen, und es gab und es gibt Weise, die nie verlauten ließen, woher und wie sie wurden, was sie sind. Und wieder andere redeten darüber und versuchten zu lehren, wie man den Zustand, in dem sie sich befanden, erreicht, und sie nannten die Methode, die sie empfahlen, Meditation, und die Methode bestand vor allem darin, stille zu sein und in sich hineinzulauschen, und sie nannten und nennen den Zustand, der hiebei erreicht werden könnte, nicht Glück. Glück, das wäre zu landläufig und heute zu abgenutzt durch das, was Glückslotterie genannt wird, billige Augenblicke, mit Preishöhen herbeigeführt. Die Alten nannten diesen Zustand Harmonie, und das trafs wohl auch.

Für einen Schriftsteller gibts keine Möglichkeit, was er tut, mit leerem Bewußtsein zu tun, er ist den Menschen und den Dingen ausgeliefert, sie wecken Assoziationen in ihm auf, ziehen ihn in ihre Welt hinüber und verlocken ihn, über sie nachzudenken oder sie zu poetisieren. Je älter ich werde, desto mehr schlafen meine Wünsche ein, ein Weiser zu werden. Es erscheint mir reizvoll, es zuweilen mit Irrtümern zu tun zu haben und diese auszuwetzen und an einer anderen Lebensstelle mich auf neue Irrtümer einzulassen.

Ich wollt noch etwas von Wilhelminele erzählen. Es wär noch etwas über das Haus zu sagen, in das sie einzog, bevor sie unsere Nachbarin wurde. Als wir hierher kamen, lebte ein Mann mit seiner Familie in diesem Nachbarhaus. Er hatte sich nach dem Kriege mit einem Ehrentitel versehen, nannte sich *Opfer des Faschismus*, hatte im Konzentrationslager gesessen und wurde deshalb zur Aussöhnung Leiter des Arbeitsamtes in einer unserer Kleinstädte hier. Bald aber wurde durch etwas, das wir uns angewöhnt haben Zufall zu nennen, bekannt, daß er nicht aus politischen Gründen im Konzentrationslager gesessen hatte, sondern weil er ein Dieb war. Nun war ein Konzentrationslager nicht der angemessene Ort für Diebe, andererseits war die bevorzugte Bewirtung mit der Stelle eines Amtsleiters nicht angemessen für Diebe. Kurzum, er wurde entlassen und, wie er behauptete, für die unangemessene Wiedergutmachung, die er sich hatte geschehen lassen, wieder ins Gefängnis eingestellt, und als er dort die Strafe abgebüßt hatte, die man ihm auferlegte, zog er in unser Nachbarhaus, das leer stand, richtiger gesagt, er wohnte schon darin, als wir ankamen. Alsbald erfuhr ich seine Geschichte. Er aber erzählte mir, daß die Regierung, von der er von Anfang an nicht viel gehalten hätte, ihn, der bei den Hitlerschen im Konzentrationslager gesessen hätte, dafür bestraft hätte, stellen Sie sich das mal vor.

Er arbeitete im Wald und machte sich bei seinen Kollegen durch übergroße Tüchtigkeit unbeliebt, und im Dorf wähnte man, daß man ihn im Gefängnis gebessert habe, und auch ich glaubte damals noch an die charakterliche Grundlagenverbesserung von Menschen.

Es ist zum Beispiel unmöglich, einen Aufschneider auf Dauer dazu zu erziehen, daß er, was er erzählt, sachlich und ohne Übertreibungen erzählt, wie es unmöglich ist, einem, dem das Lügen eigen ist, es abzuerziehen. Man kann ihm nur helfen, wenn man ihm zugesteht, er habe eine übersteigerte Phantasie. Mich zum Beispiel hätte man und hat man auch nie vom Schreiben abgehalten, obwohl mir das Schreiben jahrelang nicht einen Pfennig einbrachte. Ich schrieb, ich arbeitete in allerlei Berufen, um mich am Leben zu erhalten, aber jede Lücke, die sich mir auftat, nicht für meinen Lebensunterhalt sorgen zu müssen, nutzte ich zum Schreiben aus. Ähnlich wars mit dem kleinen Mann, der mit klappernden Augen geboren zu sein schien und der nun mein Nachbar war. Er konnte und konnte sich mit den Eigentumsverhältnissen, unter denen die Menschen in seiner Umgebung lebten, nicht abfinden, hatte kein Empfinden dafür, er war mit diesem Mangel in die Welt gekommen und wurde ihn nicht los. Wenn er auf der Dorfstraße etwas sah, was den Eindruck von Herrenlosigkeit machte, das Fahrrad eines Betrunkenen zum Beispiel, der in der Nähe seinen Rausch ausschlief, oder eine Milchkanne, die ein Bauer vergessen hatte von der allgemeinen Milchrampe zu holen, waren es Fundgegenstände für ihn, und er nannte sie so. Ich fuhr zum Beispiel mit dem Pferdefuhrwerk bergan, dabei fiel mir ein Misthaken vom Wagen. Auf dem Feld bemerkte ich sogleich den Verlust. Ich ging zurück und suchte auf dem Wege vom Misthaufen zum Hof, nichts, nichts. Da fiel mir ein, daß der Nachbar schon so viele Dinge gefunden hatte, ich hin zu ihm, Misthaken, sagte er, gucken Sie hinter die Tür, da steht er, ich habe ihn gefunden. Er fand mit Blaubeeren gefüllte Eimer im Wald, wenn Pflückerinnen etwas abseits ihren zweiten Eimer vollpflückten, und seine Unklarheiten über Besitzverhältnisse steigerten sich, wurden immer mehr zu dem, was man kriminell nennt, und als er dabei angelangt war, Holzklafter zu verkaufen, die der Forstverwaltung gehörten, wars soweit, daß er wieder seinen Wohnort wechseln mußte, und das Haus blieb eine Weile leer. Doch die verwirrten Vorstellungen schienen in die Wände gedrungen zu sein. Das Wilhelminele hatte, als sie dort wohnte, gegen diese verwirrten Vorstellungen zu kämpfen. Sie tat es redlich, aber es gelang ihr nicht.

Das nächste Beispiel, mit dem sie mich überzeugen wollte, daß es Eppes gibt, was ihr im Leben schon des öfteren helfend beigestanden hätte, war die Sach mit ihren Eltern. Albert, ihr Fehltritt, wäre damals zur Erholung aus Berlin nach Waldbach gekommen, und er wär so modern angezoge gewesen wie kein Waldbacher Bursch sonst, und sie habe sich ausgezeichnet gefunden, daß gerade er auf sie ein Aug und immer wieder ein Aug geworfen hätte. Manchmal hätt auch sie ein Aug auf den Albert geworfen, wenn ers nicht gesehn hätt, und dann nur so lang, wie es ihre gute Erziehung gestattet hätte. Aber grad das hätt den Albert gereizt, und er wär hinter ihr hergewesen, bis es angefangen hätt, an ernst Gered in Waldbach über sie zu gebe. Und als es auch im nächsten Urlaub nicht aufgehört hätt, da hätts ihr Herr Vater, der Stadtschultheiß, nicht mehr geduldet, und er hätt sie fernweg in Pension gegebe, um sie dort aufzuspare für einen Mann, den er sich für sie wünschte.

Das Ende vom Lied, der Albert habe sie gesucht und gefunde, und sie habe den Albert auch sehr gemocht, es soll hier nicht verkannt sein, und der Albert habe sie gegen den Willen des Vaters heiraten wollen und habe auch gewußt wie, und er wäre mit ihr nach England, denk bloß emal, und sie hätten sich dort von dem Schmied, den ja jeder kenne, trauen lassen, und das sei so heimlich und so feierlich gewese. Der Schmied hätt eben das Recht als einziger in der Welt gehabt, junge Leut, die sich mitnander verbinden wolltn, zu verheiraten, nicht einmal denken, daß es sich um einen rußigen Schmied gehandelt habe, er hätt schon längst keine Pferd mehr beschlage, der Mann sei mit weißem Vorhemd in der Schmied umhergegangen und konnt dem Andrang der heiratslustigen Leute aus aller Welt nicht Herr werden.

So jedenfalls erzählte es mir das Wilhelminele. Ob es so gewesen ist, oder ob sie alles nur mit den Augen einer jungen Braut gesehn hat, weiß ich nicht. Jedenfalls muß ihr Trieb zum Albert hin so stark gewesen sein, daß sie von Stund an nicht mehr nach Waldbach zu ihren Eltern zurückkehrte. Und diese Geschichte war eine von denen, mit denen mir das Wilhelminele beibringen wollte, daß es Eppes gäbe, eine Macht, die die Kraft habe, die Uhren auf der Welt falsch gehen zu lassen und die Kindsliebe zu den Eltern zu löschen.

Natürlich habe ich das Wilhelminele befragt, ob das Eppes, das sie zum Verlassen ihrer Eltern gezwungen hätte, etwas Guts aus ihrem Leben hätte wachsen lassen, und sie sagte es mir auch. Aber soeben trifft der nächste Stoß Korrekturfahnen vom dritten *Laden*-Roman ein, und ich kanns euch erst ein wenig später weitererzählen.

Tag und Nacht an den Korrekturfahnen gesessen, ich bin dabei angespannt, und alles, was von außen her auf mich eindringt, reizt mich. Es fällt mir ein, daß ich diesen Zustand schon von meiner Jungsenzeit her kenne, da schrieb ich noch keine Bücher, aber ich suchte im Sommer, wenn nachts Gewitterregen herniedergegangen waren, nach Mousherons, jenen kleinen Knoblauchpilzen. Sie halten sich so in schon steif werdenden Rasenhalmen versteckt, daß man nur über die Nase erfährt, wo ungefähr sich ein Grüppchen aufhalten kann. Dann sortiert man die Grashalme und findet sie. Wenn man mit den Augen nach ihnen sucht, kann man getäuscht werden: die gleichen bräunlich-gelben Hütchen ohne Duftkreis, nicht auf Draht-, sondern auf Fadenbeinchen: Fichtenschwindlinge. So stehts jetzt mit den Wörtern im Manuskript: Wenn es die richtigen sind, die an der richtigen Stelle stehen, muß ich ihren Duft spüren, aber wir arbeiten uns langsam aufeinander ein, die Doktorin Lektorin und ich, sie weiß alsbald, wie ein Wort zu duften hat, das sie mir vorschlägt, und sie machts dann immer noch von meiner Einwilligung abhängig. So kanns was werden.

Zwischendrein reiß ich mich immer wieder einmal los, führ mich hinaus und laß mich von Tieren und Pflanzen verführen, die nichts mit meinem Manuskript zu tun haben.

Spät am Abend, als ich mit dem Hund spaziere, ruft noch der Kuckuck. Es ist dämmerig und warm, so warm, so ohne Linderung warm wie jetzt die Nächte eben sind, in denen die Blüten der Blumen und die Blüten der Sträucher und Bäume im Zeitlupentempo vergehen.

Ein Stündchen zum Geburtstag bei einem der Nachbarn. Die Hälfte der Männer des Örtchens mit ihren Frauen zum Gratulieren. Die Frauen erzählen nach einigen Gläsern Pfefferminzschnaps, daß ihre Männer sie am Abend ins Bett schicken, damit sie sich im Fernsehen säuische Filme angukken können. Ach, ach, ach, aber die Hitze hält an, und Robinien und Holunder verpulvern ihre Blüten. Die letzten warmen Blütenerlebnisse werden uns die Linden liefern.

Ein viertelstündiger Regen, der niederging, war so gut wie nichts.

In der *Stallstube* fiel mir beim Umhersuchen ein Buch des schwedischen Schriftstellers Ivar Lo-Johansson in die Hände. Es heißt *Der Mann ohne Name*. Ich las ein wenig drin. Es gefiel mir. Ich nahm es mit in meine Werkstattstube und las. Ich habe noch andere Bücher von Johansson in der Stallstube stehen. Ich habe sie gelesen. *Der Mann ohne Name* erschien mir ganz neu. Es ist die Kindheitsgeschichte eines Schriftstellers, und es gibt viele Passagen darinnen, die meinen Kindheitserlebnissen gleichen. Das freute mich. Ich las weiter, immer weiter, bis ich auf unterstrichene Sätze und Randbemerkungen von mir stieß. Da hast du nun dein Gedächtnis, sagte ich verächtlich zu mir. Ich stieß im ganzen Buch auf keine Stelle, an die ich mich erinnern konnte. So also muß es sein, wenn man wiedergeboren wird.

Früher wurde die ideologische Grenze, die man sich ausdachte, um, was der eine denkt, von dem, was der andere denkt, zu trennen, durch einen inmitten Deutschlands gezogenen Drahtzaun befestigt. Und es wurde dort sogar von unsrer Seite her geschossen, wenn jemand über das ekelhaft storre Drahtgewebe hinüber wollte. Weshalb sollte ich verhehlen, daß ich das, für einige Monate wenigstens, nicht ablehnte, ich wollte mit meinen dummen Gedanken, die damals bei mir noch vorkamen, in Ruhe gelassen werden. Es währte nicht lange, bis ich merkte, daß ich mich hatte selber einsperren lassen. Wie auch immer, das Drahtgewebe, das sich durch Industriegelände, Waldlandschaften und liebliche Wiesenlandschaften zog, sah den Drahtgestellen ähnlich, gegen die die Maurer ihren Bausand werfen, um Stein und Kies zu trennen. Nun, da man diesen Draht nicht mehr benötigt, hat man ihn wohl an Kleingärtner verschenkt. Ein Nachbar zäunte damit seinen Spargelgarten ein, und wir haben die einstige ideologische Landesgrenze täglich vor Augen. Da empfindet man es als Befriedigung, wenn sich eine dicke Wolke für eine Weile vor die Sonne legt.

Dann wieder ein Spätnachmittag voller Duft. Die weißen Blütenteller des Holunders strömen ihn aus. Auch das *Weihrauchkraut*, ein Storchschnabelgewächs, tönt mit. Wir holten es uns aus der *Berlauer*, das war eine Ruine am nahen Thörnsee. Sie gehörte einem Aktionär der ehemaligen Ufa-Filmgesellschaft, der sich am schönen Thörnsee-Hang ein Haus im germanischen Stil mit Schilfdach bauen ließ. Ich habe über dieses Haus und die Weihrauchblumen in andern Geschichten geschrieben. Nur alte Einheimische wissen noch, daß dieses Haus am Ende des Krieges zur Festung erklärt wurde. Vergessenes, Gewesenes, von Gras überwuchert.

Drunten in der Badebucht, in der es sich jetzt Algen, Schlamm und Seerosen wohlsein lassen, hatten Leute bei einem Betriebsfest für ihre Ferien-Kinder eine Kahnanlegestelle ausgebaut. Zwanzig Jahre lang war die Bucht Anziehungspunkt für die Kinder. Nun ist auch diese Zeit vorüber, die Kahnanlegestelle wird schlissig, brüchig, baufällig, löst sich auf, und bald werden *Bastler* die Teile wegschleppen, dann wird auch diese Badestelle in den Zustand fallen, den wir Vergessenheit nennen.

Ich gehe heimzu, die Post muß eingetroffen sein. Der zweite Hochzeitsgesang der Kohlmeisen tönt vom Seeufer herüber. Unser neuer Nachbar, der Pastor, sagt: meine Pfingstpredigt habe ich fertig.

Die Post hat mir den Brief gebracht, in dem mich die Doktorin nach Berlin ruft, da das Manuskript (ich habe nie ein so zerschriebenes abgeliefert) im Verlag mit dem Computer bearbeitet wird, weil ich so spät dran bin. Gewiß haben mein Unfall und die letzten Umarbeitungen kleine *Durcheinanders* verursacht. Es steht uns eilige Arbeit bevor.

In Berlin werden mir die endgültigen Druckfahnen vom *Laden III* von einem Fahrradboten gebracht. Radfahrer sind jetzt die raschesten Boten in Berlin. Die Autos haben sich in die Ürsche gebissen, keine Parkplätze mehr. Als ich den Boten, der mir das Paket mit den Druckfahnen übergibt, genauer ansehe, erkenne ich jenen Mann namens Teufel, der in den achtundsechziger Jahren politisch von sich reden machte. Hat man nicht gar behauptet, er wäre geistesgestört? Mir kam es nicht so vor. Er sah mich an, ich sah ihn an, einer durchdrang den anderen auf seine Weise mit Blicken. Ich bildete mir ein, ihn erkannt zu haben, er bildete sich vielleicht ein, mich erkannt zu haben. Jedenfalls nickten wir uns zu. Sie sind Schriftsteller, fragte er, ist damit denn noch was zu machen? Ich konnte ihm keine bündige Antwort geben. Wir schrieben das Jahr 92, und das Schicksal des Buches, das aus den Druckfahnen entstehen sollte, war ungewiß. Ich gab ihm jedenfalls ein Trinkgeld, und er bedankte sich sehr höflich.

Ich fing sogleich mit der Durchsicht der Druckfahnen an, Fehler über Fehler. Nun ging auch Eva mit hinein, sie findet immer noch etwas, was ich übersah, besonders bei den Interpunktionen. Am nächsten Tag weitergearbeitet. Erstaunlich, wie Fehler weitergeschleppt und neue gemacht werden. Zum Schluß kam die Frau Doktorin zu uns in die Wohnung, auch sie hat inzwischen die Seiten durchforstet und die kenntlich gemacht, in denen sie etwas Unkorrektes gefunden hat. Ebenso hatten wir es gemacht. Nun ging das Vergleichen los, nicht immer war klar, ob ein Ei, das die Frau Doktorin fand, auch ein Ei für mich war. Auch umgekehrt natürlich. Ich will die Leser nicht zu weit ins langweilig Feinfachliche hineinlokken, das haben andere vor mir getan. Andere haben davon berichtet, daß sie die Formulierung eines einzigen Satzes den ganzen Tag beschäftigte und nachts nicht schlafen ließ. Ich will mich dazu nicht äußern. Echtes und falsches Heldentum wird auf allen Arbeitsgebieten angefertigt, ein bißchen so überdrauf.

Ich benutz die Wartezeit, bis das Buch hergestellt ist, um noch bißle vom Wilhelminele zu babble. Ich fragte sie, die damals noch Dorfschultheißin hier bei uns war, in meiner direkten Art, die mir zuweilen nachgesagt wird, ob es sich denn gelohnt hätt, das Heiraten in einem fremden Land, in einer Schmiede, der Bruch mit den Eltern, mit dem Bruder. Wenn man Waldbach sagt, hört man einen Gebirgsbach rauschen, sieht man beim Drandenken auf nasses Gestein und sieht Forellen bachan schwimmen. Wäre da Berlin mit seinen Droschken und seinen Stadtbahnen und dem Gezisch und dem Gehämmer in den Fabriken, jene Stadt, in die sie ihrem Albert gefolgt wäre, nicht gräuslich bis abscheulich für sie gewesen? Auf das muß das Wilhelminele schon mancher angesprochen haben, denn sie konnte schon mit einer Art Klassentheorie aufwarten. Es wäre die höchste Zeit gewesen, daß sie aus der gepolsterten Schatull, die ihr Elternhaus gewesen wäre, herausgekommen sei. Wenn sie daheimgeblieben wär, dann wäre sie dem wirklichen Leben überhaupt nicht begegnet, behauptete sie. Daheim umsorgt von Hausangestellten und hernach eine Verheiratung, alles perfekt und mit Hausmädchen, so daß sie niemals zu wissen gekriegt hätt, wann ihre Kartoffele gargekocht wärn.

Der Albert wäre rot gewesen, alle kleineren Magistratsbeamten seien in der Regel rot gewesen, nicht Thälmann-rot, aber Ebert-rot. Eine Zeitlang habe das Wilhelminele aufgehört mit Bibellesen, und sie habe gelesen, was Engels, der Friedensfreund von Marx Karl, über die Familie geschrieben habe. Da sei ihr so manches eingegangen, aber es seien ihr auch hin und wieder Zweifel gekommen, und dann habe sie wieder in der Bibel gelesen, denn das gewisse Eppes habe sich immer wieder bei ihr gemeldet. Das war besonders, als ihr Bua sich in die Welt gedrängt hätte, als die Geburt so schwer war und als ihr die Hebamme sagte, er könne so schwer hinaus, weil er einen allzu großen Kopf hätte. Das Wilhelminele habe sich an das Eppes gewendet und seit langem wieder einmal gebetet, der Bua möchte keinen Wasserkopf mitbringen. Er brachte zwar einen Dickkopf, aber keinen Wasserkopf. Wie viele Dickköpfe gibts nicht unter der Menschheit. Und als er heranwuchs, der Bua, geriet das Wilhelminele doch hin und wieder in Zweifel über den Kopf, den sie da herausgeboren hatte, und sie wandte sich wieder an das Eppes, es möchte den Kopf verkleinern, wenns ginge. Das Eppes muß wohl drauf gehört haben. Als der Bua in die Schule kam, lernte er das Lesen und das Rechnen nicht schlechter als seine Mitschüler.

Ach, das Wilhelminele, es gehörte nunmehr zu den kleinen Leuten, denen in der Kindheit eine Philosophie oder Ideologie, Religion genannt, mitgegeben wurde. Sie verstehen in der Kindheit noch nicht, aber sie lernen, wie man sich verhalten und was man machen muß, um für einen Religiösen gehalten zu werden. Später, wenn sie glauben, die Religion verstanden zu haben, legen sie die ganze Welt nach den Lehrsätzen aus, die ihnen mitgegeben wurden, und sie sind zufrieden, wenn sie das Weltgeschehn auf Aussprüche zurückführen können, die sie in der Bibel vorfanden. Bei den Arbeitern, den kleinen Beamten und Kleinintelligenzlern kam und kommt in unseren Zeiten eine Lehre mit ihren Lehrsätzen ins Gerede, in der aufgezeigt wird, wie man sein Recht als Minderbemittelter gegen die Reichen durchsetzt, und nun halten sie diese Lehrsätze für unumstößlich, und ihre Priester und Funktionäre strafen und verdammen sie, wenn sie den Lehren anderer Propheten folgen, die ihnen ein anders eingefärbtes Himmelreich versprechen. Ach, ach, ach, und sie alle ahnen nicht, daß sie das, was sie draußenherum suchen, in sich haben, ohne es zu benutzen. Sie werden hin und her gerissen zwischen dem Glauben und den Lehren, in die ihre Angehörigen sie hineinschubsten, jenen Glauben und jene Lehren, die ihnen ein inneres Wohlergehen in Aussicht stellten, und den Glauben und Lehren, auf die sie später trafen, in denen ihnen ein äußeres Wohlergehen versprochen wird. So auch unser Wilhelminele, die gleich nach dem Krieg mit ihrem Albert zusammen, da es teils notwendig und teils Mode wurde, im ärmeren Teile Deutschlands der kommunistischen Lehre zu folgen, in Partei hineingeworde ist. Sie wars sogar, die ihren Albert bedrängte, er möge nicht so lang säumen mit dem Parteieintritt wie dennmals, da er zu lange ein Ebert-Roter blieb, als die Hitlersozialisten alle Ämter und Bürostellen besetzten und ihren etwas schläfrigen Albert hinausdrängten. Sie ahnte nicht, das gute Wilhelminele, daß sie durch ihr emsiges Betreiben es fürder mit einem seelischen Spaltleben zu tun kriegen würde. Der Glaube an das gewisse Eppes, das nach ihrem Dafürhalten in allem steckte, was die Welt bewegte, wich nicht von ihr, drängte sie immer wieder, nach Beweisen zu suchen, und sie suchte auch nach Beweisen in der Bibel, die sie zwischen ihren sauberen Bettlaken im Wäscheschrank aufbewahrte.

Es hatte sich im Nachbarhause etwas begeben, von dem ich erst erzählen muß, damit man erkennt, wie wichtig es war, daß das Wilhelminele nach einer Erklärung in der Bibel suchte.

Der Nachbar hat eine schöne, dunkelhaarige Frau mit braunen Augen, lachlustig, unangreifbar gut gelaunt, fleißig auf den Feldern und im Hause. Sie war die Frau, die der Bauer geheirat hätt, die Mutter des Bauern sich aber gewünscht hatte. Die Jungfrau hatte vorher bei einem Bauern gedient, wie man das nannte, und es fiel ihr nicht schwer, sich dem Reglement der eigensinnigen Schwiegermutter unterzuordnen und alles so zu handhaben, wie es der zu Rechten war. Man hörte selten böse Worte über den Hofzaun schwappen. Ein Knabe wurde geboren, du Jemine, halb der Vater, halb die schöne junge Mutter. Das Lebensleid träufelte ihnen zunächst die Großmutter ein. Sie war dürr, die Großmutter, und ging gekrümmt. Ihr Gesicht war hager wie die Schar eines Häufelpfluges. Als Gehstütze benutzte sie Gartengeräte. Sonntags, wenn sie über den Hügel ins Dorf zur Kirche ging, stützte sie sich auf einen polierten Gehstock. Wer sie nicht kannte, bedauerte sie: mußte dieser gekrümmte Mensch noch im Garten krebsen? Ja, sie mußte, der Feldgarten war ihr Reich, und die junge Frau durfte nur unter ihrer Aufsicht dort schaffen. Manchmal, wenn sie bergan zur Kirche ging, richtete sie sich halbwegs auf und sah ins Wiesental zurück. Vielleicht war sie so in dieses Wiesental verliebt wie ich. Ich verdächtigte sie, sie nähme sich an den Wochentagen keine

Zeit, sich auf ihre geliebte Umwelt einzulassen. Sie blieb, um Zeit zu sparen, gleich gebückt, denn die meisten ihrer Arbeiten krochen auf der Erde umher. Ob ich mehr als zehn Sätze mit ihr gesprochen habe? Bei unserer ersten Begegnung sagte sie: Sie sind der neue Mann hier, der alles uffschreibt, und sie sprach die Hoffnung aus, ich möge mehr Sitzfleesch haben als mein Vorgänger, nicht der Wunderdoktor, sondern der kleine Gendarm wars, den sie meinte, und von dem wird wohl auch noch die Rede sein müssen. Ein andres Mal holte mich die Großmutter Rüster vormittags von der Arbeit weg. Ich schrieb grade die Geschichte von Gustav Büdner, der seine Kinder zu einem Lastauto zusammenstellte, um sie im Spiel gestohlenes Holz heranschleppen zu lassen. Bei den Rüsters war niemand daheim, und eine Kuh kalbte. Ich sollte mit Emil zusammen, von dem noch die Rede sein wird, beim Kalben helfen, es wäre weiter nichts zu tun, als tüchtig zu ziehen. Sie bat nicht, und sie entschuldigte sich nicht, die Großmutter. Ein Kalb zu ziehen gehört zu den selbstverständlichsten Nachbarschaftshilfen. Daheim auf der Heide hieß der Vorgang *eene Kuh uffheben*. Willste nich mal bei uns kumm uffheben, die braun-weiße Kuh kalbt.

Eppes liegt in der glücklichsten Familie auf Lauer, pflegte das Wilhelminele zu sagen. Wenn man es abwartet, kriegt man es auch zu wissen. Bei den Rüsters war es der Magenkrebs, der irgendwo im Keller versteckt saß und eines Tages die junge fröhliche Frau ansprang. Aber es ging rasch, und noch ehe sich die Leute in der Nachbarschaft einig darüber waren, weshalb die Fröhlichkeit aus ihrem Gesicht verschwunden und wie herausgezogen war, hieß es, die Frau sei im Krankenhaus. Die Leute schickten ihre zerdroschenen Trost- und Genesungswünsche mit dem Mann, wenn er seine Frau besuchte, und einige Tage später stand der Mann weinend vor unserer Tür. Er habe gehört, daß ich nach Berlin führe, ob ich ihn mitnähme, seine Frau sei zuletzt dorthin überführt worden, nun sei sie gestorben, und er müsse dies und das regeln. Es ist schon so eine Sache, muß ich euch sagen, mit einem weinenden Mann neben sich zwei Stunden im Auto zu fahren. Ich zog es vor, ihn nicht mit Trost zu belästigen. Jeder Tröstende bildet sich ein, daß er tröstet, dabei dringt er nicht bis dorthin, wo das Weh des Weinenden seine Wurzeln hat. Bin ich dabeigewesen, als jene junge Frau zu dem Mann sagte, der jetzt weint und weint, ich war eine Waise, aber bei dir bin ich zu Hause, und so soll es bleiben?

Hätte der Mann nicht wieder geheiratet, seinen Sohn hätte die hagere Großmutter gehudelt, aber auf dem Lande bestimmen die Tiere, die Wiesen und die Felder, ob sich ein Mann eine bezahlte Wirtschafterin nimmt oder ein zweites Mal heiratet. Der Mann wartete seine Trauerzeit ab. Sie hat bei Landleuten ihre vorgeschriebene Länge, obwohl sie nirgendwo schriftlich festgelegt ist. Halt alte Gebräuche: du hast geweint, nicht wenig geweint, nun zeig, daß deine Tränen nicht verlogen waren, das hat man den Trauernden abverlangt, und man hat die Trauerstrecke festgelegt, und die war oftmals länger als die Trauergeneigtheit des Hinterbliebenen. Einer Frau, der der Mann starb, sieht das Geweibsel eines Dorfes noch heute nicht nach, wenn sie nicht wenigstens ein Jahr lang eine schwarze Kleiderschürze trägt, sonst wird sie beredet, und es verträgt nicht eine jede, beredet zu werden, und so werden bis heute von der Dorfgemeinschaft leichte Lügen und kleine Heucheleien gezüchtet.

Der Mann, von dem ich rede, hager und arbeitsam, haushälterisch, ein wenig mißtrauisch und geizig, ging behutsam und umsichtig vor bei der Wahl seines zweiten Weibes. Man erzählt, ich verbürge mich nicht dafür, daß er in der Umgebung nach Witwen aus war, und daß er diese oder jene, die ihm anempfohlen war oder die ihm ein wenig absichtlich über den Weg lief, zuerst an einem Sonntag gegen Abend und daß es niemand in der Nachbarschaft gewahr wurde, seiner Mutter vorführte. Sie hat ihm die erste Frau gesucht, sie sollte ihm die zweite suchen, das war er ihr schuldig. Ich weiß nicht, wie viele solcher Frauen durch die Musterung der Mutter fielen. Dann aber schien dem Mann gar eine entgegengelaufen zu sein, die seine schon halb schlafende Männlichkeit weckte, eine Vertriebene von hinter der Warthe, eine ehemalige Bäuerin, der Mann im Kriege gefallen, sie war noch ansehnlich und beredsam, eine, die außer ihren hausfraulichen und landwirtschaftlichen Fähigkeiten dem Manne noch versprechende Blicke zukommen ließ, aber der man nicht ansah, auch die hagere Großmutter nicht, daß das sogenannte Frauenrecht sie schon leise gestreift hatte. Sie hatte inzwischen im Walde gearbeitet, war dort Anführerin, sogenannte Brigadierin, geworden, war, vorsichtig ausgedrückt, *anpolitisiert.* Bei der Witwenprüfung eckte sie jedenfalls nicht an. Sie erkannte die Arbeiten, die umherstanden und umherlagen, griff sie, erledigte sie, tat sogar Übergriffe auf die Arbeiten, von denen die hagere Großmutter behauptete, sie gehörten ihr und nur ihr. Na gut.

Der Mann horchte inzwischen in der Umgebung, in der die Ausgesuchte bisher gelebt hatte, leise die Leute aus, wie hielt sies mit den Kerlen, wie trieb sie es? Nun, sie hatte es getrieben, wie Weibsleute und Witwen es treiben, in denen noch Frauenfeuer zugange ist, mal bei Gelegenheit und so, aber ich habe nichts gesagt, Nachbar. Außerdem wäre die Auswuselei zu beheben, wenn sie in feste Hand käme, so sage ich, Nachbar. Seiner Mutter sagte der Bauer nicht, daß er außer an den hauswirtschaftlichen Tugenden, die die Gesuchte einbrachte, auch leibliches Gefallen an ihr fand. Aber gerade das war, wie sich herausstellte, der Punkt, der Punkt, der Punkt. Friede und Segen und Stille auf dem kleinen Bauernhof, die neue Frau pflegte das Grab ihrer Vorgängerin, da könnt ihr sehen, kein Neid, keine Eifersucht, aber langsam, langsam erwachte die alte Brigadierin in der Nachfolgfrau, und sie prellte durchaus nicht immer mehr zurück, wenn sie in die Bereiche der Großmutter geriet, auch wenn die sich das energisch verbat. Vielleicht wollte die neue Frau ausproben, wie weit die Bettgemeinschaft reichte, wenn die Alte sich über Eigenmächtigkeiten der Ersatzschwiegertochter beim Sohn beschwerte, weil sie zum Beispiel die Einnahmen für Milch und Eier entgegennahm. Da drin hat sie nicht rumzuwühlen, sagte die Großmutter zum Sohn. Ja, hat sie denn das Geld nicht ins Deckelglas im Küchenschrank gesteckt, wos hingehört? fragte der Sohn. Das wars eben, am Deckelglas hatte die Frau nichts zu suchen. Ums Deckelglas herum gehörten nur die hornhäutigen Finger der Alten.

Dann kamen andere Übergriffe der Zweitschwiegertochter in Betracht, die schwerwiegender als Eier- und Milchgeld von Unrechtmäßigkeit zeugten: das Anrichten des Sonntagsbratens, das Ausmessen der Milch, das Entleeren der Hühnernester und dies und das und dies und das. Nicht einsehbar für den Bauern, weshalb die Alte der jungen Frau, die da arbeitete von früh bis spät, so etwas wie leises Mißtrauen entgegenbrachte. Aber Eifersucht war in der Alten herangewachsen. Wollte die Alte ausproben, ob der Sohn ihr Sohn war wie eh und je oder ob er von ihr ab und seinem zweiten Weibe zustand? Der Sohn versuchte die Alte zu überzeugen, daß es nur gut für sie und ihre alten Glieder wäre, wenn wieder eine junge Kraft ihr Getu habe und ihr so manche Mühe abnähme, aber nein, aber nein, die Alte wollte wissen, gehörte der Sohn noch ganz und gar ihr oder der Zugezogenen?

Familienkräche stiegen auf und wurden für die Nachbarschaft hörbar, und eines Abends im Mai, als der Kuckuck bis in die Dunkelheit hinein rief und die Nachtschwalbe am Bach schnurrte und sich hin und wieder ein Hecht beim Hochsprung seinen Buckel vom Mondlicht beglänzen ließ, wollte es die Alte genau wissen. Als die jungen Leute sich spät zum Abendbrot setzten, fehlte die Großmutter. Man wartete wie sonst ehrerbietig auf ihr Erscheinen, doch sie kam und kam nicht, und man fing an sie zu suchen, fragte in der Nachbarschaft nach ihr, ging in den Hochwald, in die Schonungen, rief Mutter, Mutter.

Man fand sie bei halber Nacht in einer flachen Bucht des Baches, wo die Rehe trinken. Sie lag bäuchlings im Wasser, und das Wasser, das noch Seegeruch auf sich trug, rann über sie hin. Am Bachrand standen die Holzpantinen. Auf den Pantinen lagen die langen schwarzen Strümpfe zusammengerollt. Kein Mensch weiß, ob sie wirklich vorhatte, sich zu ertränken, vielleicht wars ihr nur darauf angekommen, recht lange auszubleiben und ihre Leute, vor allem den Sohn, zu ängstigen und sie zu veranlassen, nach ihr zu suchen. Vielleicht wollte sie dort im flachen Wasser stehend gefunden werden, vielleicht wollte sie, daß man ihr wenigstens die Absicht unterstellte, daß sie sich ertränken wölle. Dann aber scheint ihr Herz auf das maikalte Wasser reagiert zu haben. Sie war hier geboren, sie kannte Bach und See von Kind an, aber sie hatte wie viele der alten Landleute nie im See gebadet. Das wars, was es war, und es wurde ein Märchen draus geschneidert, die Großmutter habe sich die Krampfaderfüße kühlen wollen. Die Kühle des Bachwassers sei ihr ins Herz gekrochen, habe es angehalten, und sie sei bäuchlings in die Bucht gefallen. Von wegen, sie habe sich nicht mit der neuen Schwiegertochter vertragen, redet so was nicht, sonst müssen wir euch belangen.

Inzwischen sind nicht nur ganze Blumenbeete, sondern ganze Blumenfelder über das Grab der hageren Großmutter mit dem Hakenpfluggesicht gezogen. Jeden Winter war es mit Fichtenzweigen bedeckt, damit den überwinternden Grabpflanzen nichts geschähe. Und ich habe die Geschichte erzählt, um anzudeuten, welche Vorfälle in unserem Ort zwischen den Gehölzen dem Wilhelminele helfen sollten, zu beweisen, daß allenthalben ein Eppes im Spiele wäre.

Ich wills euch nicht vorenthalten, und ich komme drauf zurück, aber es kam die Nachricht, der Roman liefe jetzt durch die Maschinen, werde gedruckt. Es befällt einen ein eigenartiges Gefühl, wenn man das zu wissen kriegt, vor allem wachsen wieder Bedenken und Zweifel in dir auf, lohnt sich, daß Drucker und Druckmaschinen, Energie und Druckerschwärze, Papier und Leinen verbraucht werden, um zu vervielfältigen, was du da zusammenschriebst? Wie wird dir sein, und wie kannst du es verantworten, wenn den Leuten die Lust fehlt, das zu lesen, was niederzuschreiben dir Lust verschaffte?

Es wird erzählt, daß jetzt Maschinen dein Manuskript lesen und in Druckschrift umsetzen. Könnte es nicht sein, daß schon die Maschinen keine Lust haben, zu drucken, was du schriebst? Vielleicht sind sie schon so weit und ahnen, daß du nicht einer bist, der sie verherrlicht, in dem Roman, den sie drucken sollen, jedenfalls nicht.

Du hast, was du schriebst, einen Roman genannt. Es heißt, die Romanform sei tot, sei am Aussterben, du hast es doch gehört, oder ich habe es gelesen, habe auch den Versuch verfolgt, eine neue Art von Roman zu schreiben. Ich traf den Propheten des *Neuen Romans* auf einer Versammlung von Schriftstellern in Island. Man ließ ihm dort noch Ehren angedeihen, aber mehr aus Gewohnheit und weils zu einer gewissen Zeit in aller Welt so gemacht wurde. Mir scheint, er war nur eine Art Stoßgeschäft, der *Neue Roman*. Man hat auch gesagt, das Erzählen in der Literatur sei hinüber, stürbe aus. Was habe ich gemacht? Ich habe erzählt wie in allen meinen Büchern, vielleicht hat man mir diese Unmode bisher nachgesehen. Mein letztes Buch erschien vor fünf Jahren. Kanns nicht sein, daß jetzt, gerade jetzt, der Punkt erreicht ist, an dem man mich mit meiner Art zu erzählen zum Verstauben in die Ecke stellt?

In der Zwischenzeit hat auch ein Umsturz stattgefunden, eine Wende hat man ihn genannt, man habe uns einen heiligen Wunsch erfüllt, wie es heißt, habe uns zu einem einig Volk von Brüdern gemacht, nachdem uns fremde Mächte jahrzehntelang trennten, schützten und auf unser Gutes aus waren. Nichts davon oder nur ganz wenig ist in meinem Roman zu lesen. Ich war stets mißtrauisch, wenn mir abverlangt wurde, die neuesten Regierungsverordnungen möchten, noch ehe man ihre Wirkung in der Praxis erlebt und ausgelotet hatte, positiv aus meinen Büchern herauszulesen sein. Und eben das wird, wie ich den Auslassungen beflissener Tageszeitungs-Kritiker entnehme, unter anderen Vorzeichen wieder verlangt. Aber sich nur nicht verärgern und verbittern lassen von Zuständen und Ereignissen, die noch nicht eingetreten sind. Hast du nicht die Wälder und die Wiesen und das Getier in ihnen, bist du nicht nach hier hinausgezogen, damit sie dich im Gleichgewicht halten helfen?

Sie kommt und leuchtet und lacht uns von ferne und geht den Weg gleich als ein Held ... Diese Liedzeilen gehen jeden Morgen als Gleichgewicht in mir um, wenn die Sonne bald nach sechs in den Waldwipfeln auftaucht und brennt und sengt, als sei keine Nacht dagewesen.

Sobald man sich vom Haus entfernt, da wird man kosmisch eingesternt, heißt es in einem Gedicht von Eva, und schöner kann man es nicht sagen.

Ich sitze am Friedhofshügel und warte auf einen alten Freund, den Schweizerfranzosen Benno. Ein Auto fährt an. Durch die blendenden Scheiben sehe ich einen Mann, der Benno sein könnte. Das Auto hält an, ich versuche mich zu erheben, meine müden Knie bocken. Nicht so rasch, Papa, heißt es aus dem Auto, und ich weiß, daß es nicht Benno ist. Es ist ein Italiener. Der erzählt mir ein Märchen. Ach, er sei vom frühen Morgen an unterwegs, suche und suche nach einer italienischen Familie, wohnt die Familie vielleicht hier im Ort? Er nennt den Namen, ob ich den Namen gehört hätte? Nicht gehört. Ach, ach, ach, er ist schon so müde. In Neubrandenburg habe er eine Ausstellung schöner Stücke gehabt, habe viel verkauft. Und sein Chef habe ihn dankbar mit einigen Ausstellungsstücken beschenkt. Die wollte er jener italienischen Familie schenken, die er suche. Und wissen Sie, warum, nein, ich weiß nicht. Damit er die schönen Stücke nicht auf der Heimfahrt hoch verzollen muß. Aha. Ob ich die schönen Stücke, die er seinen Landsleuten hat schenken wollen, mal sehen möchte? Er hatte Lederjacken. Ich sah sie mir an, aber kaufte keine. Er war enttäuscht.

Marlies auf Güldenhof fand in ihrem Briefkasten neun Meiseneier. Als die jungen Meisen flügge wurden, kamen sie nicht durch den Schlitz des Kastens nach draußen. Marlies half ihnen acht Tag lang dabei. Dann blieben die Jungmeisen weg, sie waren selbständig geworden. Aber das Meisenweibchen legte wiederum neun Eier in den Briefkasten. Wie uneinsichtig, tadelte Marlies das Meisenweibchen und dachte wohl ein bißchen dran, daß sie wieder würde Schlupfhilfe sein müssen.

Ich lerne Altwerden. Es werden mit den Monaten weniger Lebensäußerungen, die mir der Körper noch erlaubt. Immer weniger traute Orte in der Landschaft kann ich zu Fuß noch erreichen. Meinen Armmuskeln verlange ich noch etwas ab. Das Gewicht (loser Sand) in den roten Hanteln aus Kunststoff habe ich noch nicht vermindert. Noch strecke ich sie jeden Morgen langsam mehrmals. Noch vermag ich mir einzureden, daß es mir nicht schwerfällt. Doch eines Tages werde ich es nicht mehr können. Ich lausche diesem Zeitpunkt entgegen.

Der Nachbar geht mit Gift gegen die Kartoffelkäfer an seinen Kartoffelstauden im Garten vor. Seine Giftspritze ist ein poröser Damenstrumpf. Das Giftpulver steigt langsam in die Höhe und setzt sich auf die reifen Kirschen. Am liebsten würde ich einen Bogen um den Nachbarn machen. Ich fürchte sein Gejammer über die wochenlange Hitze. Er aber spricht über die vielen Kartoffelkäfer heuer und über die Zeit, da das Gift noch billig war, und daß es jetzt viel zu teuer ist und daß alles nicht mehr *hinhaut*. Dann erst will er aufs Hitzethema los. Ich lenke ihn ab. Keine Stare heuer in den Kirschen, sage ich. Aber Amseln, sagt er. Aber die fressen nicht so gierig wie die Stare, sage ich. Das ist richtig, sagt er. Dann setzt er wieder mit dem Thema Trockenheit an. Ich gebe vor, es eilig zu haben. Ich gehe. In den nächsten Tagen wird die Nachbarin über *Bukwehdahn* (Bauchschmerzen) klagen. Sie wird von den mit Staubgift gepuderten Kirschen gegessen haben. Wer sagt da, das Leben sei nicht kurzweilig.

Der Roman fällt mir wieder ein. Was sollen die Vorbefürchtungen? Habe ich nicht an den Werken Hermann Hesses verfolgt, wie es geht? Hat man nicht schon mehrmals gesagt, ihre Wirkung sei vorüber, und dann kam sie doch wieder? Und zuletzt kam sie aus Amerika hierher. Wichtig ist, daß man seiner Art zu schreiben treu bleibt, ohne sich darum zu kümmern, welche Leselaune gerade unter den für Lesemoden anfälligen Buchkäufern herrscht. Soll ich mir denn nachsagen lassen müssen, es habe in meinem Schriftstellerleben Zeiten gegeben, in denen ich das, was ich schrieb, nach dem augenblicklich herrschenden Geschmack der Käufer hinausschickte? Vielleicht doch ein klein bißchen immer wieder, alter Schwede.

Reden wir wieder e bißle vom Wilhelminele. Wenns zu anderen und besonders zu mir von dem Eppes redete, das mit allem, was auf der Welt existiere, verbunden sei und das hie und da im Leben zutage trete und dann sichtbar und beweisbar würde, so war damit glatt Gott gemeint. Und zu sich selber redete das Wilhelminele auch von Gott und nur von Gott. Dieses Eppes, es war für sie nur eine Art Hilfskonstruktion, ähnlich wie Freie Marktwirtschaft. Für sie war insgeheim Gott noch jener Übermensch im Himmel, den die alten Pastoren und Volksschullehrer gebaut hatten. Das Wilhelminele ahnte, daß mir nicht verborgen geblieben war, was sie meinte, wenn sie vom Eppes sprach. Dieses Eppes, es half ihr auch ein wenig verbergen, daß sie bei ihrem Kirchenaustritt und Parteieintritt das Herrgottle nicht aufgegeben hatte. Und wenn der oder der Genosse oder Nichtgenosse von schwierigen Situationen in seinem Leben berichtete und etwa sagte, mir war so, als ob mir jemand still ins Ohr geschrieen hätte, ich möge vom Wagen springen, als mein Pferd durchging, und ich bin gesprungen, und ich lebe, wie du siehst, dann konnte das Wilhelminele auf die Anwesenheit des Eppes verweisen, das es geben mußte und gab, ohne vom alten Gott zu reden, der schon der Kirchensteuern wegen nicht mehr sehr hoch im Ansehen stand.

Es war kurze Zeit nachdem die hagere Großmutter im flachen Wasser des Baches ertrank oder vom Herzschlag gefällt tot um ins flache Wasser fiel. Dem Wilhelminele ließen die

Umstände keine Ruhe. Inwieweit war jenes Eppes bei diesem Tode im Spiele gewesen? Heiße Maitage rösteten schon die Blüten des weißen Flieders, doch die Spiersträucher blühten noch über und über, nicht fürs Wilhelminele übrigens. Sie saß über der Bibel und suchte aus ihr zu erfahren, was sie nicht wußte. Eines war klar, der Tod eines jeden Menschen stand eine Armlänge seitab von ihm, links oder rechts, wie es gebraucht wurde. Der Tod an sich wiederum befand sich in der Hand von dem, was sie Eppes nannte. Nirgendwo stand geschrieben, daß man das Eppes verzürne, wenn man Nekkerei mit seinem Diener, dem Tod, trieb. Oder vielleicht doch? Sie blätterte, suchte und fand nirgendwo eine Stelle, in der die Neckerei mit dem Tod versagt wurde. Aber die hagere Großmutter, die hat es wohl zu weit getrieben, hat gedenkt wie ein Kind, das möcht ich erleben, hat sie gedenkt, wenn ich dann tot bin, wie mein Sohn bereuen wird, daß er mirs Gehorsam entzogen hat.

Es klopft bei der Wohnstubentür. Herein, sagts Wilhelminele, denkt nicht an die Bibel in ihrem Schoß, und herein kommt der Kreissekretär von der Partei. Ich such deinen Mann, sagt er zum Wilhelminele, aber hier ist er wohl auch nicht, die Sekretärin auf dem Büro hätte gemeint, er sei zu Hause. In dem gleichen Atemzug sagt der Sekretär zum Wilhelminele: es geht aber nicht, daß du als die Genossin und Frau des Bürgermeisters hier hockst und in der Bibel liest, statt dich um die Ortsgruppe des Demokratischen Frauenbundes zu kümmern. Dem Wilhelminele ist die Spuck weggeblieben, so hat sie mirs jedenfalls erzählt. Sie sei nie gewieft gewesen und habe auch diesmal keine Antwort gefunden, die sie hätte erlösen können. Aber da stand er nun, der Kreissekretär, das Haar scharf gescheitelt, die Gesichtszüge vom Machtwillen verschmiert, ausgebeulte Hosenbeinlinge, grünes Jägerhemd und Selbstbinder in vermanschtem Rot. Es wären schreckliche Minuten gewesen, wie er so dastand, hat mirs Wilhelminele erzählt. Langsam wären sie ins Rechten und Reden gekommen, das mit Wilhelmineles Bibellesen könne dazu führen, daß man ihren Albert wegtun müsse als Bürgermeister. Der Parteisekretär ließ dem Wilhelminele die Wahl, ob er ihr Bibellesen vor die Ortsparteigruppe bringen solle oder ob er ihr unter vier Augen eine parteigefällige Aufgabe zuweisen solle. Wilhelminele bat um die Zuweisung der parteigefälligen Aufgabe, nur den Albert nicht aus dem Amte weisen, nein, nein. Der Parteisekretär ruckte an seinem verspeckten Schlips, der Parteisekretär wurde amtlich. Man erkennt das an einem Menschen. Seine Poren schließen sich.

Er verpflichtete das Wilhelminele, zwei neue Mitglieder für die Parteiortsgruppe zu werben. Die Strafe müsse in diesem Falle hart sein. Binnen drei Tagen Vollzugsmeldung hier an Ort und Stelle, er käme in drei Tagen wieder. Er streicht das Dankgeflüster des Weibleins Wilhelminele ein. Es ist das mindeste, was er erwarten kann. Er geht grußlos.

Drei Tage gehts Wilhelminele umher und ist beschäftigt mit dem Parteiauftrag. Der Flieder verblüht, und die Löwenzahnblüten am Wegrand sind befiederte Bällchen geworden. Sie warten auf einen Wind, der sie von ihren Samen befreit. Der Wind, der Wind, der ist ihr Kopulent. Die Dinge der Welt sind verschiedenartig eingerichtet. Der Albert erfährt vom Wilhelminele nicht, daß der Kreissekretär da war. Das Wilhelminele geht in Gedanken die Dorfbewohner durch, die sie kennt. Soll sie die ledige Konsumverkäuferin beschwätzen, eine Hergeflohene aus Schlesien? Sie wird nicht wollen, sie wird keinerlei Vorteil haben, wenn sie in Partei ist. Die Leut gehn so und so zu ihr kaufen. Soll sie die Frau des Försters hereinbitten, sie ist eine Unsanfte, mit ihrem Mann aus einer Randgegend Rußlands nach hier verschlagen, aus einer Randgegend der Sowjetunion, verbessert sich Wilhelminele, obwohl sie den Begriff Rußland nur in Gedanken benutzt hat. Aber auch die Förstersche wird keinerlei Vorteil sehen. Ihr Mann ist schon in Partei, das ist Sicherheit genug für die Familie.

Am zweiten Tag kommt dem Wilhelminele die Erleuchtung, und mir wird bewußt, daß ich bisher nur kurz erwähnte, das Wilhelminele hat einen Sohn, den sie den Bua nennt und er hälts mit einer, die er haben möcht. Das Wilhelminele ist dagegen, daß er sie nimmt. Sie ist etwas kleinverständig. Man hat sie sterilisiert. Eine Schande, daß die Nazis bei manchen Menschen das Kinderkriegen medizinisch unterbanden, hats im Parteilehrjahr geheißen. Das Wilhelminele hat sichs angehört, hat auch gestöhnt wie die anderen, aber für sich hats gedacht, bißl werdns wohl auch gewußt haben bei den Nazis, was sie machen. Für Wilhelmineles Generve und Getu zahlt sichs jetzt jedenfalls aus, daß die Lies, so heißt das Mädchen, in das ihr Bua sich vernarrt hat, kinderlos bleiben muß, denn sie hat die beiden im Haus, auch das ist bisher unerwähnt geblieben, im Haus die beiden, und es fehlte, daß sie, die Wilhelmine, noch Kinder schaukeln soll! Aber lassen wir das jetzt, bis es an der Reihe ist, es zahlt sich manchmal aus, nicht gleich mit einem Atem herauszufahren, was alles zu erzählen ist. Jedenfalls hat das Wilhelminele Last mit den beiden, weshalb sollen die beiden nicht einmal eine Last von ihr nehmen?

Drei Tage später kommt der Kreissekretär. Das Wilhelminele meldet vorsichtig, es habe zwei neue Mitglieder geworben, vorerst aber möchte es vom Kreissekretär wissen, ob sie dem, so wie sie sind, recht seien.

Wie sie sind? Beide bei dreißig Jahren, so herum. Der Bua arbeitet frei.

Freischaffend, fragt der Kreissekretär. Die Lies sei sogar bißl Mitglied in der Bauerngemeinschaft und arbeite dort. Der Bua habe eine gute Schulbildung, drei Jahre Berliner Gymnasium, dann Privatschul, schreibe flott und lese flott, sei zu allem zu gebrauchen, habe aber e bißle wenig Ausdauer. Die würde er schon kriegen, meint der Kreisparteisekretär, wenn er erst in Partei sei. Aber nun die Lies, die stammle beim Lesen, und schreiben könne sie gar nicht. Der Kreisparteisekretär sagt, das tue weiter nichts zur Sache, die Hauptsache wäre das Proletarische, alles andere ließe sich lernen. Das Wilhelminele spricht noch ein klein wenig dawider, nein, proletarisch sei die Lies nicht, sie wohne ja bei ihnen im Hause, und sie, das Wilhelminele, wache schon darüber, daß die Lies nicht proletarisch wird. Gut, der Kreisparteisekretär ruckt wieder an seinem fleckigen Schlips, die Strafe fürs Bibellesen sei damit gelöscht. Das interne Verfahren bleibt nun unter uns, sagt der Sekretär, und das Wilhelminele ist bißle stolz, daß sie ein gelöschtes internes Verfahren mit dem ersten Kreissekretär verbindet.

Ganz für sich hat das Wilhelminele noch lange mit dem Vorgang zu tun. Eine Weile kommts ihr vor, als hätte sie den Bua, ihr eigen Fleisch und Blut, und das Mädel, von dem er nicht abzubringen war, an die Partei verkauft. Mit der Zeit seien ihre Selbstvorwürfe aber sachter geworden. Ich seh nicht, wie das Eppes da gewirkt hat, sagte ich zum Wilhelminele, als sie mir das von den verkauften Kindern erzählte. Oh, das Eppes sei sehr bald sichtbar geworden. Es sei eine Eigenschaft von ihm, zuweilen auf Umwegen zu wirken. Man müsse ihm mit Demut und Langmut begegnen, stehe in der Bibel. Und wie sich das Eppes in diesem Falle gezeigt habe, wölle sie mir bei unserer nächsten Begegnung verzähle.

Ich schreib das vom Wilhelminele und den andern allen im Jahre 93 nieder. Dabei ist es noch nicht ein Jahr her, daß ich so froh war, als der *Laden III* von mir weg und in der Druckerei war, daß ich ihn zu Ende gebracht hatte, nachdem ich mehrmals ansetzen mußte, das Ende so auszuschmieden, wie es jetzt vor euch liegt, weil Eva immer und immer noch nicht zufrieden war. Wie gut, daß sies nicht war. Damals hätte ich nicht gedacht, daß ich mir ein Jahr später, also heute, eine neue Schreiblast aufgeladen haben würde. Aber es ist so. Hätte ich nicht stille zufriedene Altentage verbringen, mir Zeit nehmen und die Dinge anschauen sollen, bis sie sprechen? Das ist mir früher schon manchmal gelungen, aber nur für Augenblicke. Mir aber schwebte vor, ganze Stunden die Dinge auf mich einreden zu lassen. Vielleicht ist das der letzte Mai, den ich erlebe, sollte ich ihn nicht so leicht verleben, wie es irgend geht? Zumindest sollte ich drauf dringen, daß mir das Schreiben, wenn ich bedenke, wie viel ich noch zu erzählen habe, nicht zuweilen sauer wird. Nein, das darf es nicht. Ich glaube doch, daß ich auch die Kunst gelernt habe, manches, was ich mein Leben lang wollte, miteinander zu verbinden und die jetzigen Stunden gründlicher zu feiern als die gewesenen. Da ist eine Haltung, die ich im letzten Jahr herausfand. Ich erwähnte sie anfangs schon leise. Ich spüre schon morgens, ob es mir gelingen wird, sie über den Tag hindurch zu bewahren. Ich versuche so zu leben, wie ich in der Vorschulkindheit lebte, und an günstigen Tagen gelingt es mir, wie gesagt.

Ich stand morgens auf und ließ mich vom Tag und seinen Ereignissen bedienen. Da gabs keinen Wecker, der schrill befahl, du mußt jetzt aufstehen, sonst verpaßt du dies oder das. Ich spreche von normalen Tagen, nicht von Tagen, an denen Puppenspieler im Dorf waren und den Grasfleck unter den vier Gasthauslinden behausten. Nein, an normalen Tagen war nichts, was ich tat, zielgerichtet. Mocht es sein, daß mir auf der Bodentreppe eine junge Katze entgegenkam, dann beschäftigte ich mich mit ihr, solange ich Lust hatte. Niemand achtete auf meine Frühstückspflicht, ich selber am wenigsten. Niemand achtete darauf, daß ich mich wusch. Ein kleines Tagesereignis reichte mich an das andere weiter. Die Regentonne auf dem Hof rief mich auf, in sie hineinzusehen. Eigentlich waren es die Mückenlarven, die mich riefen. Sie tauchten mit zuckenden Bewegungen in die Tiefe, wenn ich an den Tonnenrand stieß. Ich wartete, bis sie wieder auftauchten, machte sie wieder verschwinden, und dann war das Erlebnis zu Ende. Die Erlebnisse der Vorschulkindertage waren kurz, meine Erlebnislust bemaß sie, und die war kurz und lauerte auf Abwechslung. Der Tag war voll von Erlebnissen, sie bedrängten einander, mich zu beglücken.

Und solche Tage fangen an, mir jetzt in meinem vielleicht letzten Lebensjahr zu gelingen. Beim Aufstehen fällt mir die Melodie eines alten Volks- oder Kirchenliedes ein. Ich rekapituliere den Text. In meinem Gedächtnis existiert er nur noch mit Löchern. Ich mach mir die Freude, schlag in Gesang- und Liederbüchern nach, freue mich an der Einfachheit der Volksliedertexte, lächle über die Verquastheit mancher Kirchenlieder. Da liegt ein Buch von Gertrude Stein. Ich las abends vor dem Einschlafen drin. Mir fällt ein, daß Hemingway in seinem Buch *Paris - ein Fest fürs Leben* sich über die Stein und ihre Freundin lustig machte. Der Text ist mir nicht gegenwärtig. Ich gönn mir den Spaß und such ihn mir heraus, nein, ich gehe nicht an meine Schreibarbeit, wie ich es sonst die ganzen Jahre tat. Ich tu, was sich mir anbietet, erfüll mir langgehegte Wünsche, laß die Dinge wörtlich auf mich einreden, solang es mir gefällt, denke keinen Augenblick: du mußt an die Arbeit. Eine Klaviermusik von Chopin fällt mir ein, ich laß sie mir vom Plattenspieler heranbringen, hör nicht die ganze Platte, schalte ab, wo die mich interessierende Stelle endet. Tak, tak, tak, die Grasmücke ruft mir durchs Fenster meiner Loggia zu, Chopin sei nur ein Ersatz für sie, sie sei früher dagewesen als der Pole, für dessen Klaviermusik ich mich so begeistere. Ich glaubs der Grasmücke, und mein Hinhören geht zu ihrem Gesang über. Sie ist schon wochenlang da. Nur wer sie vom Ansehen kennt, weiß es. Sie schlängelt sich scheu durchs knospende Gezweig. Erst wenn die Obstbäume und besonders der große Haselstrauch vorm Fenster voll Blätter sind, fängt sie an zu singen, als ob sie es darauf anlegt, nicht gesehen zu werden. Ihr Gesang muntert mich auf und macht mich gleichzeitig wehmütig. Doch, doch, das gibts. Woher nimmt sich die Wehmut? Sie schwebt aus vielen vergangenen Sommern heran, in denen ich ihren Gesang in Glücksaugenblicken hörte, die dem alten Kerl, der ich nun bin, nie mehr erscheinen werden, mit einem abgenutzten Wort gesagt – unwiederbringlich. Einmal, als ich noch jünger war, glaubte ich, man könne solche Augenblicke nochmals beschwören, wenn es sein muß, mit List. Da wußte ich noch nicht, daß es dem Alternden schwieriger und immer schwieriger wird, und daß es Körperzellen gibt, die dir solche Ausflüge verwehren, daß sie nur noch geistige Gebilde sind, die dich nur halb erfassen.

Eine Grasmückenstrophe kann zum Beispiel einen Kuß herbeitragen, den ersten Kuß, den ich mir nicht nehmen mußte, der mir gegeben wurde. Noch vor einigen Jahren ging es mir durch und durch, wenn dieser Kuß auf dem Rücken einer Grasmückenstrophe zu mir herdrang. Wenn ihn jetzt die Grasmücke heranjubiliert, ist er für mich wie ein historisches Ereignis, das in einem Buche steht.

Aber heut ist ja einer von den besonderen Tagen, von denen ich eingangs sprach. Ich laß mich von den Ereignissen leiten. Soeben sah ich das jubilierende Vöglein zwischen den Blättern nur für einen Husch lang. An einem normalen Tag würde ich mir einreden, daß ich nicht genug Zeit hätte, auf ein zweites Dahinhuschen des Vogels zu lauern. Heute hole ich den Feldstecher, laß mir von ihm das Blättergewirr heranholen, durchpirsche den Urwald, der jetzt die Blätter sind. Aber die Grasmücke ist davon. Ihr Gejubel flutet mir von drüben aus der Erle am Bach herüber. So bist du nun, sage ich zur Grasmücke, noch ist der Sommer nicht herum, da läßt du mich ganz und gar im Stich mit deinem Gesang, und ich wäre schön arm, wenn ich die Nocturnes des polnischen Komponisten nicht hätte.

Das kleine Diktiergerät und ich, wir schauen einander an, aber anders als an normalen Tagen. Es kommt keinerlei Aufforderung vom Gerät her. Es heißt nicht: Wie denkst du dir das, noch keine Zeile diktiert heute? Es heißt, eigentlich bin ich gar nicht hier, aber falls du doch Lust haben solltest ... Ich wende mich ab, ein Glückstag, ein lastloser Tag, ein Kindheitsgedenktag, solltest du wissen, sag ich zum Diktiergerät. Es beunruhigt mich, und das sollte es an diesem Tag nicht geben.

Vor Jahren fand ich am Rande der Moorwiesen eine Pflanze, die ich nicht kannte. Ich bestimmte sie, merkte mir ihren Namen für eine ganze Zeit. Ich fand die Pflanze in keinem Frühling wieder, auch heuer suchte ich nach ihr, gleichzeitig suchte ich nach ihrem Namen, wußte, daß er etwas von einem Tier an sich hatte, also heute wäre der Tag, im Pflanzenbestimmungsbuch nach der Pflanze selber und nach ihrem Namen zu suchen. Ein guter Tag, einen solchen Ausstand zu erledigen. Und ich erledige ihn. Scharbockskraut heißt diese Pflanze.

Manchmal gehe ich durch die Diele, und ich nehme meinen Hund nicht mit nach draußen, aber seinen Blick nehme ich mit, und draußen macht der Blick mir zu schaffen, und ich gehe zurück und hole den Hund.

So gehts mir mit dem kleinen Diktiergerät. Ich kann den schüchternen Antrag, den es mir machte, nicht vergessen. Ich weiß nicht, ob es meine Gründe, die ich ihm nannte, verstanden hat. Ich gehe zurück, nehme es auf, meine linke Hand freut sich, daß sie diesen Tag doch noch zu den vertrauten Sonderbewegungen kommt, die ihr nun schon wie eingeboren sind. Ich spreche einige Sätze aufs Band, einen spontanen Einfall. Es kam schon vor, daß ich am nächsten Tag, wenn ichs vom Band ins Groschenheft schrieb, nicht verstand, was ich da gesagt hatte. Aber einige Zeit, manchmal Jahre später, verstand ich, was ich einmal spontan gesagt hatte, und ich bin erstaunt darüber, was ich damals schon *wußte*. Spontan hat was für sich. Ich fühle mich ausgesöhnt mit meinem Diktiergerät. Es ist so, als hätte ich es geklopft, allwie ich meinen Hund entschuldigend klopfe, wenn ich ihn ein bißchen bewußt übersehen habe.

Ich gehe hinaus, spaziere an den Moorwiesen entlang, hocke mich an einer lauluftigen Stelle auf meinen Sitzstock und bin neugierig auf die Gedanken, die mich aufsuchen werden. Wenn es Gedanken sind, die sich mit dem Fortgang der Arbeit beschäftigen, an der ich sitze, werden sie sofort verjagt. Ich meditiere auf meine Art. Alte und neue Meditiermeister verwerfen diese Art. Sie halten es für wichtig, daß sich ihre Meditationsschüler gedankenleer machen. Alles, was einem einkommt, ohne daß man sich vorher gedankenleer gemacht hat, taugt nichts, ist aus auf Verwertbarkeit, gehört niederen geistigen Bereichen an.

Ich habe jahrelang versucht, mich länger als zehn Minuten an einem Stück gedankenleer zu machen, es gelang mir nicht. Es drängten sich immer wieder Gedanken in den gedankenleeren Raum, wenn ich ihn nur für zwei Minuten leergefegt hatte, sozusagen Gedankenmist.

Ich sage es deshalb, weil ein tibetanischer Meditiermeister empfahl, eindringende Allerweltsgedanken wie Dung zu behandeln, den man nach rechts und links schaufeln müsse, damit er dort irgendwelche Seelenfelder dünge. Und dieses Mistbeseitigen müsse man solange betreiben, bis man für längere Zeit, oder solange als man will, in der gedankenlosen Halle hocken könne, alsdann würde, ohne daß mans gewahr werde, die Süße des ewigen Seins in einen fließen, in der man, unangefochten vom weltlichen Alltag, den wir uns höchstselbst angefertigt hätten, verweilen könne. Dann hätte man es auch so weit gebracht, daß man diese gedankenleere Höhle jederzeit verlassen und seine Nase für eine Weile ins Weltgetümmel stecken könne, und wenn es einem über wäre, könne man sich jederzeit in den gedankenleeren Raum zurückziehen.

Es ist schlimm: ich glaube, daß, nein, ich fühle, daß es so sein könnte, aber mit glauben will ich nichts mehr zu tun haben, seit mich sogenannte Gesellschaftswissenschaftler zum Glauben aufforderten.

Wenn der Obergeistliche der Tibetaner, der Dalai Lama, stirbt, so ziehen Sendboten aus, steht geschrieben, und ich habs gelesen, denn ich war nie dabei, um nach männlichen Kindern zu suchen, die in der Sekunde des Ablebens vom alten Dalai Lama geboren wurden. Die Boten, so heißt es, sind mit einigen Lieblingsgegenständen des alten Dalai Lama ausgerüstet, und sie zeigen den Neugebürtlingen diese Gegenstände, und wenn einer danach greift, so ist der neue Dalai Lama gefunden. An dieser Stelle stellt sich bei mir ein Stutzen ein, der westliche Skeptiker meldet sich, was, wenn die Boten nun weiterzögen und auf einen zweiten oder dritten Krabbler stoßen, der nach den Lama-Utensilien greift? Die Sache ist die, sie ziehen nicht weiter. Es steckt keinerlei wissenschaftliche Experimentierlust in ihnen.

Ich habe noch nicht die Zeit gefunden, nachzuforschen, welcher Erzähler an dem Tag und zu der Stunde starb, als ich geboren wurde. Er muß ja nicht in Deutschland gelebt haben, aber einen wirds seit der Zeit, da der Mensch mit dem Schreiben anfing, gegeben haben, dessen Drang mir eingeboren wurde. Jetzt erst, nachdem ich achtzig Jahre auf der Erde umherlaufe, ahne ich, daß mich der Schreibdrang, der damals auf mich übersprang, daran hindert, ein Weiser nach den Vorstellungen der Meditiermeister zu werden. Als Ausgleich, gewissermaßen als Trost, entdeckte ich in den letzten Jahren, daß die Weisen so fest verpflichtet sind, weise zu werden und zu sein, wie ich durch die Zusammensetzung meiner Gene verpflichtet bin zu erzählen. Ich erwischte nämlich zwei Weise, Krishnamurti und einen deutschen Wissenschaftler, den man bei einiger Naivität auch für einen Bruder von Gautama Buddha hätte halten können, die sich in der erzählenden Literatur versuchten und nur Dilettantisches zutage förderten. Vielleicht gibt es noch mehr solche Dilettanten unter den Weisen, die mir nicht bekannt wurden. Ich bin ruhiger, seit mir bewußt ist, daß ich davon ausgeschlossen bin, ein Weiser zu werden. Deshalb versuche ich es auch nicht mehr, weise zu werden, sondern suche, vernünftig zu atmen und mit der Möglichkeit der Erzählersprache zufrieden zu sein und sie zu nutzen.

Ich hocke also auf meinem Sitzstock und erlaube den verschiedensten Gedanken, mich zu berennen. Ich treibe Erzählermeditation, sehe den sich bewegenden Baumzweigen zu und wie sich die Zwischenräume zwischen den Ästen im Winde verschieben, sehe den Kondensstreifen einer Krähe, die durchs Wiesental fliegt. Weshalb sollen nur Flugzeuge Kondensstreifen hinterlassen? Auch die verbrauchte Kraft der Krähe muß ja irgendwo bleiben, und ich sehe ihre Abgase mit Hilfe meiner Meditation. Ich sehe, wie ein Schwalbenschwanz-Schmetterling die Staude einer wilden Möhre bewippt und auf Möglichkeiten untersucht, seine Eier dort abzulegen, und mein Hund kommt und schnappt nach diesem Schmetterling. Er hat noch nie einen bekommen. Der Schmetterling fliegt davon, und die Möhrenstaude ist um die Möglichkeit gebracht, die massigen, grünen, rotgepunkteten Schwalbenschwanzraupen zu nähren und die Startbahn für junge schöne Schwalbenschwänze zu werden, das heißt, die Tatsachen, die ich da sehe, verflechten sich zu einer Geschichte, die noch eine Weile reifen und dann ans Tageslicht kommen wird.

Das ist meine Seligkeit, sie wird mir von den Dingen, die mich umgeben, vermittelt, und manchmal gelingts mir, sie schriftlich weiterzugeben, daß auch andere Menschen was von ihr haben, das heißt, es ist nicht so, daß ich nicht neugierig bleibe und bewundernd staune, wenn die Weisen, wie es heißt, und es ist wohl auch so, ohne den Umweg über Worte zu nehmen, allein durch ihre Anwesenheit vermögen, Gelassenheit und etwas von der Süße des ewigen Seins auf ihre Mitmenschen zu übertragen.

Von Zeit zu Zeit überkamen mich in meinem Schreiberleben Verdächte, meine Art zu schreiben sei überaltert, das heißt, ich werde dessen verdächtigt und das von jungen Schreibschaffenden, die Erneuerung mit Verwirrung verwechseln, und auch von Kritikern, die mit der Einbildung gesegnet sind, sie regulierten die Quelle, aus der Literatur fließt, und die sich von Zeit zu Zeit anschreien und gegenseitig verwirren. Weise sind diese Herrschaften keinesfalls. Zu ihnen kommt die Poesie jedenfalls nicht, sie merken nicht einmal, wenn sie da ist.

Nun wieder bißle was vom Wilhelminele. Da war ihr Bua, den sie auf den Namen Ernst hat taufen lassen. Ich habe schon erwähnt, daß sie ihren Ernst als Wiedergutmachung fürs heimliche Bibellesen, mitsamt seiner Geliebten, der Partei vermacht hatte. Bei seiner Geburt machte er Mutter Wilhelmine zu schaffen. Er brachte einen zu dicken Kopf mit auf die Welt, sagen wir mild und abgeschwächt, einen kleinen runden Wasserkopf, davon abgesehen, daß niemand wagte, in Wilhelmineles Gegenwart so verletzend über den Kopf ihres Sohnes zu reden. Ihr fiel nicht ein, in der Größe von Ernstens Kopf einen Mangel zu sehen. Das war so in der Watzmer-Linie: vom Vater her ein großer Kopf gab Anlaß zu Hoffnungen im Leben auf dieser Welt, besonders, wenns Wilhelminele bedachte, daß ein solcher Kopf ihrem Herrn Bruder zum Amt eines Staatssekretärs verholfen hatte. Der Herr Bruder hatte zwar mit dem Wilhelminele gebrochen, seitdem sie sich mit diesem Unterbeamten Albert Obentraut zusammengetan hatte, und das gegen den Willen der Familie und das in einer unkirchlichen Schmiede in England. Aber selbst wenn ein Bruder sich von einem losgesagt hat, er konnte nichts dagegen haben, wenn das Wilhelminele beim Aufsagen ihrer Herkunft nicht nur den Vater, den Schultheiß, sondern auch den Bruder, den Staatssekretär, aufzählte. Sie war deshalb zuversichtlich, daß die Welt für ihren Sohn mit dem Watzmer-Kopf ein entsprechendes Amt bereithielt, deshalb schickte sie ihn mit viel Nachhilfe und Nachdruck drei Jahre lang zu einer Berliner Knabenvolksschule. Dann schulte sie ihn im Gymnasium ein. Das war bei den Watzmers so üblich, und auch ihr Herr Bruder war durch ein Realgymnasium gegangen. Ein Zeitchen lang konnte sie dem Bua auch auf dem Gymnasium behilflich sein mit ihrer Lyzeumsbildung. Aber dann wars aus. Sie mußte für ihn eine Nachhilfe anmieten, und als auch mit Hilfe der Nachhilfe die Sonne bei ihrem Bua nicht aufging, schickte sie ihn in eine Privatschule. Sie konntens sich mit Mühe leisten, denn Albert war inzwischen Bürovorsteher geworden.

Er war Wilhelmineles Werk, der Bua, war ihr Kleinod, sie päppelte und päppelte ihn, machte ihn zum Freßsack und Muttersöhnchen. Wie hätte er im Gymnasium etwas lernen sollen? Wenn seine Mitschüler sich über ihn lustig machten, ihn neckten und verschüchterten, verstanden die Lehrer es nicht, ihn vor Hohn und Spott zu schützen, selbst wenn er gezwungen war, sein Pausenbrot auf dem Abtritt zu essen, und wenn die Mitschüler ihm sogar dort noch zotige Worte durchs Schlüsselloch schickten und von seinem mit Lachsscheiben belegten Brot behaupteten, er esse Scheiben von einem Ertrunkenen, den man kürzlich in der Nähe der Schule aus der Spree gezogen hätte. So ischt das, sagte das Wilhelminele, als sie mir das erzählte. Bis auf den heutigen Tag kriegt der Bua Bläschen um den Mund herum, wenn er eine Lachsscheib sieht. Man sollte es nicht meinen, was alles man in einer empfindsamen Seele hervorrufen kann.

Mir kommen Bedenken, ob ich euch nicht zu lang und zu ausführlich über den wundersamen Sohn vom Wilhelminele erzähle. Ich habe oft von Menschen erzählt, die etwas in ihrer Welt, und wenn sie noch so klein war, bewegten. Hier nun reizt es mich, von einem Menschen zu erzählen, der nach mittelmäßiger Meinung nichts, aber auch nichts in seiner Welt bewegte. Das kann freilich ein Irrtum von mir sein, denn je älter ich werde, desto sicherer bin ich, daß man nicht unbedingt mit Worten und Taten irgend etwas in der Welt bewegt. Wir werden noch drauf zu sprechen kommen.

Es ging nicht lange gut mit Wilhelmineles Ernst in der Privatschule, denn das Ernstle fing an, sie zu schwänzen, und kam bis in den späten Nachmittag nicht wieder, man mußte ihn suchen. Das Wilhelminele sah sich gezwungen, ihn jeden Morgen in der Privatschule abzuliefern und nach der Schule wieder abzuholen.

Und es ging auch sonst nicht gut, denn nun griff der Hitler in das Leben von Wilhelmineles Fehltritt Albert und damit auch in das Leben der Familie Obentraut ein. Albert, der getreu seinen kleinen Sozialdemokratismus gepflegt, alle Beiträge gezahlt und an den Versammlungen des Ortsvereins teilgenommen hatte, war überhaupt nicht mehr zu gebrauchen. Woher sollte er wissen, wie ein Büro nationalsozialistisch geleitet werden muß? Er wurde entlassen, wie es in Deutschland oder gar in aller Welt immer in solchen Fällen geschieht. Die neuen Machthaber brauchten Posten und Funktionen für ihre Gefolgsleute, und wie es immer ist, bis auf den heutigen Tag, alles, was vorher war, wurde für Scheuße erklärt, war kriminell und mußte geahndet werden. Jedenfalls wurde Albert entlassen. Aus wars mit der Privatschule. Albert mußte seine Pfennige zusammenkratzen und eröffnete in Berlin einen Zeitungskiosk. Dort verkaufte er Zeitungen und Zeitschriften, deren Inhalt seinen Ansichten entgegenstand. Aber die Zeitungsverleger nahmen es nicht so genau mit der politischen Einstellung ihrer Zeitungsverkäufer, Hauptsache, sie machten gute Umsätze, und auch das ist wie gehabt und immer. Das Wilhelminele machte seinem Albert Vorwürfe, weil er nicht früh genug erkannt hatte, daß er sich hätte auf Hitler umstellen müssen. Ihr ging es vor allem darum, daß nun die Privatschule fürs Ernstle nicht mehr zu bezahlen war. Papi war dafür, der Junge sollte eine kaufmännische Ausbildung haben, ja, das sollte er, und den Anfang seiner Lehre sollte er bei ihnen im Zeitungskiosk absolvieren.

Wieder sah es so aus, als ob nun alles gut werden würde. Das Ernstle ging, den Kiosk des Vaters als Absprungbrett, den *Völkischen Beobachter* über dem Unterarm, in Vaters Nähe auf dem Bürgersteig auf und ab und verkaufte Zeitungen und entwickelte dabei sogar Ausdauer. Es sah so aus, als habe man für ihn das Rechte getroffen. Aber die Sache war die, Ernstle hatte angefangen zu rauchen, und er begann sogleich mit Zigarren. Ne Pferdenatur, der Junge. Ernstle konnte die Leute, die er als Zeitungskunden ins Auge gefaßt hatte, verfolgen und förmlich anbetteln, und wenn sie sich in ein Straßencafé setzten, setzte er sich zu ihnen. Und wenn sie den *Völkischen Beobachter* nicht kaufen wollten, bettelte er um eine Zigarre.

Schließlich kam es vor, daß das Geld, das er dem Vater an den Kiosk brachte, nicht mit der Anzahl der Zeitungsexemplare übereinstimmte, die er mitgenommen hatte. Ernstle hatte die Summe um den Preis einer Portion Eis mit Sahne verkürzt. Eine Bockwurst mußte schließlich auch sein, denn der Vormittag war lang. Aber Albert war nicht einverstanden, so gings nicht. Es ging auch nicht, daß Albert umherstieg und die Zeitungen verkaufte und daß das Ernstle den Kiosk besorgte. Bald hatten lose Mädchen herausgefunden, mit wem sie es im Zeitungskiosk zu tun hatten, und sie lümmelten da herum und ließen sich von Ernstle mit bunten Zeitungen, mit Modezeitungen, bewirten, oder er schickte sie aus, Zigarren zu kaufen, und sie kamen nicht wieder. Die Zeitungsstöße hatten abgenommen, aber das Geld in der Kasse hatte sich kaum vermehrt, wenn Albert wiederkam. Nein, das Ernschtle mußte in eine strengere Lehre.

So verbrauchte das Ernstle fünf oder sechs Lehrstellen. Stets hatte er was gegen Meister und Gesellen auszusetzen. Für die Hitlerjugend war er nicht verwendbar. Seine Abstammung war zwar untadelig, aber der dicke Kopf, der dicke Kopf. Da war eben schon jenes Eppes im Spiel, von dem das Wilhelminele überzeugt war, und so schleppten sie ihren Ernstle mit bis in die Bombennächte hinein, bis es in Berlin nicht mehr auszuhalten war.

Ernstle fiel durch jede Musterung als Militär hindurch, und wenn er nicht mit einem so dumpf brütenden Angesichte dahergekommen wäre, hätte man ihn für eine Art Schwejk halten können. Er machte Kniebeugen, ohne daß die Ärzte ihn aufgefordert hatten, er kroch auf allen vieren durch das Musterungslokal. Man schüttelte ihn, weil man ihn im Verdacht hatte, er halte die Musterungskommission zum besten, niemand wußte, ob er das nicht auch wirklich tat. Nachdem man ihn geschüttelt hatte, schüttelte er sich eigenständig weiter und weiter und klapperte mit den Zähnen, bis man ihn laufen ließ.

Man nahm das Ernstle also nicht in die Soldatenlehre. Soldat war schon gar kein Beruf, in den er hineinpaßte, also blieb er der Bua seiner Frau Mutter, ihr Augäpfele, ihr Beipack. Sie warf sich wie eine Heldin dazwischen, wenn sie die geringsten Anzeichen ausdeutete, daß man ihren Ernstle zu den Arbeitsscheuen schlug und versuchte, ihn einzulagern, und sie war es, die hinausdrängte aus Berlin. Die Obentrauts zogen zeitig in diese Gegend, als vom Evakuieren und von Evakuierten noch nicht die Rede war. Sie ließen sich in einem Marktflecken hier in der Nähe nieder, und Vater Albert fand

Beschäftigung als Gemeindeschreiber, und die Kenntnisse des ehemaligen Bürovorstehers fanden ihre stille Würdigung.

Und Ernstle? Er fand in dieser Zeit die erste Beschäftigung, die seinem Naturell entsprach. Er bildete sich autodidaktisch zu einem erfolgreichen Hamsterer aus, und er hatte dabei Erfolg. Kein Mensch, selbst das Wilhelminele nicht, konnte sich erklären, wieso. Und was man ihm gab, gab man ihm ohne Gegenleistungen, obwohl die Bauern um diese Zeit nicht zimperlich waren und den Hamsterern Bettwäsche, Tischwäsche, Ohr- und Eheringe, nobles Geschirr und dergleichen nahmen gegen geringe Mengen Naturalien, Schweinebrägen und anderes minderes Zeug.

Es wird erzählt, französische Nonnen gingen mit dressierten Schweinen in die Wälder auf Trüffelsuche. Nicht, daß ich Ernstle mit einem trüffelsuchenden Schwein vergleiche, aber er hatte eine Nase für leise Bauernhochzeiten, die zu dieser Zeit stattfanden, für Kindstaufen, und er fand heraus, wo ein Bauernsohn von der Front auf Urlaub gekommen war. Er spürte heraus, psychologisch heraus, muß man schon sagen, wo Gebefreudigkeit zu erwarten war, und er brachte manchen Bissen heim, der auch seinen Vater Albert für ihn einnahm. Und aus jeder solchen Anerkennung kamen fürs Wilhelminele kleine Glücksaugenblicke, weil der Albert seit längerer Zeit durchblicken ließ, daß der Watzmer-Kopf auf dem Rumpfe seines Sohnes bisher nicht viel hereingebracht hatte.

Das, was ich bis dahin vom Ernstle erzählte, weiß ich von den häufigen Unterhaltungen mit dem Wilhelminele, und jetzt kommt die Zeit, da ich Ernstle von Angesicht zu Angesicht kennenlernte. Aber ich muß erst wieder unterbrechen und ein wenig vom Jahr 92 berichten.

Als ich nach Mitternacht eine Weile wachlag, flüsterte es in mir, ich möge etwas mit dem Titel *Ein letzter Sommer* schreiben. Etwas Antisentimentales, kurze Aufzeichnungen, Tupfer, lyrische Prosa vielleicht. Vielleicht glückts. Ich muß mich für die nächste Zeit gedankenleer halten, muß es wenigstens versuchen, obwohl nie so viel auf mich einstürzte wie im Jahr meines achtzigsten Geburtstags. Wie gut, wenn ich demnächst wieder nachts aufwache und mir inne wird, wie es mit dem Schreiben weitergehen soll.

Der nächste Tag tut so, als müsse er sich für die vielen Hitzetage, die da waren, entschuldigen. Der Regen knispelt über die Baumblätter vor meinem Fenster hin. Mir ist, als gäbe es nichts mehr zu sagen, nichts mehr zu schreiben. Die große Erschlaffung nach der Beendigung des dritten *Ladenromans* ist da. Keinerlei Tatendrang. Und ich versuche, mich vor mir selber zu entschuldigen: Sollst du die Zeit ungenutzt versikkern lassen, ohne dein Werk aufzustocken? Gleichzeitig weiß ich, daß es falsch ist, der Erschlaffung nicht nachzugeben. Es fällt mir die Zeit ein, da ich den Roman *Ole Bienkopp* abgeschlossen und alle abträglichen Diskussionen hinter mich gebracht hatte. Die Zeit, in der es mir gelang, mich ganz, ganz leer zu machen und mich eine Weile leer zu halten und mich treiben zu lassen. Diesem Zustand entwuchsen nach und nach die Geschichten des *Kramkalenders*. Weshalb sollte das trotz meiner achtzig Jahre nicht nochmals möglich sein? Es muß nur wie damals Ruhe in mir einziehen. Ich muß sie mir ohne Widerstand geschehen lassen. Sie muß so über mich kommen, mich überfallen wie manchmal der Schlaf am Abend.

Schon am Frühstückstisch reiben mich Eva und Jakob ab. Ich äußerte meine Unzufriedenheit über die Ungezogenheiten von Iljas jüngstem Sohn. Und da kriegte ichs zu hören (wieder einmal), was für ein unqualifizierter Vater ich sei und daß ich mich nicht in die Seelen kleiner Kindern hineinzuversetzen vermag. Und eben, ich sei stets ein Kinderschreck gewesen. Alles gut und schön und richtig, und ich habe versucht, im *Laden III* meine Unfähigkeit, mit Kindern umzugehen, zu analysieren, und ich habe dort zugegeben, daß mir die Kinder, die ich durch meine Romane laufen ließ, zum Beispiel Lope Kleinermann, Tinko oder der kleine Lew im

Wundertäter III stets wichtiger waren als die Kinder, die mich bei der Anfertigung dieser literarischen Kinder störten. Eines aber tat mir bei dieser Moralpredigt am Frühstückstisch weh. Das war die Tatsache, daß auch Sohn Jakob meine Rolle als Vater kritisierte. Soweit ich mich erinnere, habe ich ihn in seiner Kindheit nie geschimpft oder angebrüllt, habe ihm nie den *erlaubten Klaps* verpaßt und wähnte mich bis zum heutigen Tag mit ihm einig. Ich war enttäuscht, bin es noch.

Das Signalexemplar vom *Laden III* ist eingetroffen. Es liegt vor mir. Ich bin gelinde enttäuscht. Es kommt mir vor, als ob das Familienfoto von meinem 20. Geburtstag auf dem Schutzumschlag zu dunkel und nicht klar genug wäre. Die hintere Seite mit dem Foto von der Dicken Linde versöhnt mich. Immer wieder sehe ich mir die vordere Seite des Schutzumschlags an. Langsam fängt sie an, sich gegen mich durchzusetzen, fängt sie an, sich zu behaupten und mich zu belehren und zu sagen, daß weniger Poesie von ihr ausgehen würde, wenn die Figuren auf dem Foto nicht im Schummer lägen.

Ja, nun liegt es da, das fertige Buch, das mir zeitweilig leid war, als ich es schrieb, das mich beständig aufforderte, in meine Erinnerung von der Zeit nach dem zweiten Weltkrieg hineinzufahren, das mich immer wieder zwang, gegen meine Trägheit und mein altersmüdes Gedächtnis anzugehen, das Buch, das mir den Schlaf aus vielen Nächten vertrieb, das mir Verzweiflung einbrachte und mich über Selbstmord nachdenken ließ. Nun liegt es da wie jedes andere Buch. Und ich muß ihm zustimmen, weil ich mir jetzt im Augenblick einbilde, daß ich es nicht besser hätte machen können.

Manchmal kommts mir vor, als ob (außer Eva) niemand da wäre, der sich gründlich mit mir freut.

Werd ich nun die ganze Zeit umhersitzen und vom Honig leben, den ich mir eintrug? Dann lieber nicht mehr leben. Glücklicherweise fällt mir die Verheißung ein, die mir vor kurzem eines nachts wurde. Ich meine das Buch, das sich meldete, das Buch über meinen letzten Sommer.

Ilonka Spady – meine Liebe zu ihr und meine Enttäuschung um sie beschrieb ich im zweiten Band des *Ladens* – besuchte mich nach sechzig Jahren an einem Sonntagnachmittag, ich erzählte es wohl schon. Sie hatte den zweiten *Laden* nicht gelesen, aber irgendwer hatte ihr zugeraunt, daß sie darin als *Heldin* vorkomme. Jetzt schrieb sie mir einen Brief. Briefeschreiben sei nicht ihre Sache. Sie hätte meine Telefonnummer gebraucht, dann hätte sie früher auf mein Buch reagiert. Ich rufe sie an und sage ihr, ich sähe ihr ihr Säumen nach. Noch möcht ich nicht, daß was vom Ideal, das ich sechzig Jahre in mir trug, abblättert. Noch möcht ich ein bißchen feiern, daß sie mich aufsuchte, daß nicht ich nach ihr gesucht habe. Von Zeit zu Zeit verhalte ich mich närrisch.

Der Tag fängt mit fünfzehn Grad Wärme an, die Blumen im Kasten auf der Loggia ächzen. Sie bringen es heuer nicht zur Fülle. Ich ziehe mich an und falle dabei in Pausen, verharre mit einem halbangezogenen Strumpf und denke an Dinge, die noch nicht fällig sind. Wie werd ich dies oder das anpacken, wie werde ich dann und dann reagieren. Ich ertappe mich: ich verwende Kräfte auf etwas, was noch nicht da und heran ist, vielleicht wird es gar nicht herankommen. Ich schelte mich, es gelüstet mich, mir die Zunge herauszustrecken. Wann endlich werde ich dieses unnütze Vorbedenken besiegen.

Beim Morgenspaziergang mit Äsop umweht mich eine gelinde, eine ganz gelinde Morgenfrische. Ich gehe langsam, ich gehe, wie es sich für einen Achtzigjährigen gehört. Ich gehe gemessen, weil man mir von allen Seiten her einredet, daß man sich als Achtzigjähriger mäßigen müsse. Alles, was die mir innewohnende Trägheit begünstigt, tue ich gern. Das ist es, was es ist.

Nun singt keine Amsel mehr, auch die Buchfinken hudern wahrscheinlich ihre zweite Brut. Die Brombeeren schwärzen sich, dicke Drosseln fliegen mit unwilligem Gezeter aus dem Dornicht. Ich habe sie beim Beerenfrühstück gestört.

Ich setz mich auf die Rasenbank am Hochwäldchen. Ein

Achtzigjähriger soll immer mal abruhen. Äsop ists recht. Er wirft sich auf den Weg in einen Schattenfleck. Auch er ist achtzig, wie ich. Das Laufen gehört nicht mehr zu seinen Freuden. Eine Ausnahme, wenn Fischgeruch vom Seerand herübergeweht wird. Der Geruch eines von Anglern weggeworfenen Fisches, der sogleich anfängt sich zu verändern, wenn der Fisch sein Wasser verlassen mußte.

Auf dem Rückweg kommt mir Schwüle entgegen. Der Morgen ist vorüber. Über Tage wird die Landschaft wieder gebraten. Äpfel mittleren Alters fallen verdurstet von den Bäumen. Ich lese die Tageszeitung und ärgere mich schon im voraus darüber. Ein Verplempern von Lebenszeit. Wie oft hab ichs mir vorgenommen, das Zeitunglesen aus meinem Tageslauf herauszudrücken. Steht irgendwas in der Zeitung von der Angelegenheit, die mich wirklich interessiert? Die Angelegenheit, die da heißt, wie schöpfe ich jeden Augenblick des Lebens bis zur Tiefe aus?

Hörte ichs von innen oder von außen, es genüge, wenn man sagt zwei plus zwei und dann nichts mehr. Die Summe zu ziehen müsse man dem Zuhörer überlassen. Eine wichtige Erkenntnis für die Arbeit des Künstlers. Sie ist nicht neu und geht auf den altchinesischen Taoismus zurück. Immer öfter treffe ich in der Literatur, aber auch bei ernstzunehmenden Mitmenschen auf Aussagen oder Erkenntnisse, durch die das Tao leuchtet. Bin ich feinhöriger geworden, oder drängt sich das Tao durch die allgemeinen gesellschaftlichen Bedrängnisse hindurch nach vorn?

Beim Zeitunglesen schlummere ich im Sessel ein. Kurz vor dem Wegschlummern höre ich die Stimmen der Ratgeber: Als Achtzigjähriger mit einem trägen Herzen muß man jeglichem Ruhebedürfnis nachgeben. Schon geschehen, meine Herrschaften. Vielleicht ist mein Blut wieder einmal zu reichlich gezuckert.

Sohn Jakob geht in Hof und Garten umher und richtet und ordnet, was ihm mißfällt. Ein ruhiges, zufriednes Sterben wärs, wenn ich ihn in der Nähe wüßte. Er ist, bilde ich mir ein, meine abgewandelte Fortsetzung. Sogleich spür ich, daß sich hinter dieser Feststellung mein Ich versteckt. Dieses gespenstische Gebilde, das mein Denken gezeugt hat, sträubt sich gegen sein Vergehen, obwohl es nichts Wirkliches ist und deshalb nicht vergehen kann.

Ich höre wieder einmal etwas vom dritten Teil des *Laden*-Romans, dessen Signalexemplar zwar bei uns ist, von dessen Äußerem ich auch schon ein bißchen was erzählte, aber draußen ist er noch nicht bekannt, das heißt im Buchhandel. Er wurde noch nicht ausgeliefert, aber vom Verlag wurde mir mitgeteilt, daß die Buchhändler ihre September-Bestellungen vorgezogen hätten und daß sich die Möglichkeit abzeichne, die erste Auflage (zwanzigtausend Exemplare) könnte auf Anhieb verkauft werden. Ich quittierte die Nachricht mit einem leisen Dankeschön. Vielleicht hat man beim Verlag ein heftigeres Danke erwartet, aber früher, das heißt, in einer Zeit, in der fast nichts mehr etwas getaugt haben soll, fingen wir mit sechzigtausend Erstauflage an, kletterten eins, zwei, drei auf hunderttausend. Trotzdem bin ich über die Nachricht vom Verlag erfreut, aber nur ganz hinten irgendwo.

Verschwenden wir wieder einige Gedanken ans Gewesene, die Zeit, da wir hierherkamen, in die Wälder und an die Seen. In den gedruckten Wegweisern für Weisheit wird allgemein behauptet, daß nur das Jetzt, der Augenblick, in dem sich Vergangenheit und Zukunft treffen, für den, der weise werden will, eine Bedeutung hat. Ganz klar, daß diese Behauptung für einen wie mich, der nach der Weisheit äugelte, verlockend war. Manchmal gelang es mir wirklich, einen Tag lang nur im und für das Jetzt zu leben und jede Tätigkeit, die ich tagsüber verrichtete, mit vollem Bewußtsein zu begleiten, und manchmal plauderte ich über diesen erstrebenswerten Zustand, als hätte ich mich dort schon für immer eingemietet, ganz besonders, wenn ich von Journalisten befragt wurde, als ich auf meinen 80. Geburtstag zulahmte, später ärgerte ich mich über diese Plapperei. Sie war genauso eitel und sündig, wie es ist, über eine Gott-Vorstellung zu reden. Heute weiß ich, daß ich mich auf so etwas wie Bekränzung und Bekrönung des Jetzt nur teilweise und in Augenblicken einlassen kann, denn als Schriftsteller ernte ich einen Teil meiner Erzählungen in der Gegend, die Vergangenheit genannt wird, oder von den Blütenbäumen meiner Phantasie, die nicht in der Vergangenheit, nicht im Jetzt und nicht in der Zukunft wachsen, sondern nach vor und nach rückwärts, in die Höhe und in die Tiefe, und daß so etwas wie Hochstapelei im Spiele ist, wenn ich behaupte, ich hätte mich unbeirrbar und konstant auf das Jetzt eingelassen, und daß ich mich hüten muß, Leuten, die meiner Eitelkeit schmeicheln und mich als weise bezeichnen, Ratschläge zu geben, um deren Sensationslust zu befriedigen.

Also zur Sache: Ernstle, der Sohn vom Wilhelminele und dem immer etwas schläfrigen Albert, kam mir auf der Dorfstraße entgegen. Er war wohlbeleibt, wenn nicht schon ein bißchen fett, trug einen Arbeitsanzug von unbestimmbarer Farbe, hatte Lippen, auf denen eine kleine Sinnlichkeit umhertanzte, und zwischen diesen Lippen die ewige Zigarre, die manchmal brannte, manchmal tot, aber immer belutscht war. Ich grüßte und nickte Ernstle ein wenig zu. Ich war neu für das Dorf und seine Vorwerke, ich war bestrebt, mich bei den Dorfbewohnern beliebt zu machen. Ich weiß, wie lange das dauert und daß es mancher nie geschafft hat. Meine Kindheit als Sohn eines Dorfladenbesitzers sprang hervor, wozu, sagt? Ich war doch nicht drauf angewiesen, daß die Dorfleute zu mir kaufen kamen. Aber so tief sind die elterlichen Hinweise in einen eingeschnitten, und dort sitzen sie, ewig und lebenslang vorhanden, wie die Narben der Pockenschutzimpfung am Oberarm. Es war tödlich, unfreundlich zu den Dorfleuten zu sein, selbst wenn sie vorübergehend nicht bei uns, sondern im Nachbardorf kauften. Wenn uns die Leite schneiden, wirste missen hungern und in geflickte

Hosen betteln gehn. Die Mutter drohte und hatte nur eine kleine Ausnahme in ihre Drohung eingebaut. Leite, die bei uns ne lange Latte hoam und ewich nich bezoahln, brauchste nich grade freindlich grießen, soagste gar nischt oder machstn Bogen um se. Dieses mir in der Kindheit eingesetzte Freundlichsein zu den Leuten setzte selbsttätig ein, als ich Ernstle in dem Dorfe traf, in dem ich zehn Morgen Sand und Moorwiese, eine klapprige Kate und eine bucklige Scheune mit einem drangeklebten Scheußhäuschen erworben hatte, in dem Dorf, in dem ich heimisch werden wollte. Ich weiß nicht, diese Rechenvorgänge spielen sich in einem vielleicht so heimlich und unsichtbar ab wie in einem Computer. Vielleicht hieß es drinnen in mir, ganz leise und ohne in mein Bewußtsein zu dringen, grieß die Leite und sei freindlich, vielleicht koofen se deine Bücher.

Bei Ernstle hatte ich keinerlei Erfolg. Er sah starr geradeaus, erwiderte meinen Gruß nicht, beachtete mich nicht, sah so überernst, wie ich es von Verrückten und Fanatikern her kenne. Aber ich wagte als Dorfneuling nicht, meine physiognomischen Kenntnisse nach vorn zu lassen. Denn es gab in dieser Zeit noch eine zweite Ursache für ein solches Verhalten. Es konnte der mit übertriebener Wachsamkeit ausgestattete Ortsparteisekretär sein, dem es geraten schien, sich nicht auf einen Ortsfremden einzulassen, nicht einmal auf einen Widergruß. Ich konnte mirs nicht verkneifen, mich umzudrehen und ihm nachzusehen, aber dieser Mann tat nicht dergleichen, er ging starr geradeaus, ging wie auf ein fernes Ziel zu, und die Zigarre schien ihm als Richtungsweiser zu dienen.

Dieser Mann kam am Sonntagnachmittag mit einem Schnellhefter unterm Arm, Zigarre unter Dampf, klopfte mit voller Faust gegen die Tür unseres Katenwohnzimmerchens, rammte sich den Kopf am niedrigen Türrahmen, der mich mit einmeterachtundsiebzig lichter Weite gerade noch, ohne mein Gehirn zu erschüttern, in die Stube ließ. Der Mann stieß sich jedenfalls kräftig. Es klackte, die Zigarre wackelte, aber er ließ keinerlei Schmerz erkennen. Der Kopf schien gepanzert zu sein. Er grüßte und sagte: Schönen Gruß von meinen Eltern, ich bin der Sohn davon. Wir sahen uns an, ohne ihn merken zu lassen, daß wir stutzten. Wer sind Ihre Eltern, bitte? Der Bürgermeister und meine Mutter.

Der Mann klappte seinen Schnellhefter auf. Er sammelte Geld für die Überschwemmungsgeschädigten. In irgendeinem südeuropäischen Land hatte es eine Überschwemmung gegeben. Wir boten dem Manne Platz an, aber er setzte sich nicht. Wir suchten nach Geld, wir trugen uns in seine Liste ein. Er erfand die zwanzigste Verstümmelung unseres Familiennamens, ließ uns gegenzeichnen, steckte das Geld ein und ging, nicht, ohne ein zweites Mal gegen den oberen Türrahmenrand zu rammeln. Wir entschuldigten uns, meine Frau bedauerte ihn. Er schien das alles nicht zu brauchen. Das also war Ernstle, der Sohn vom Wilhelminele. Sie hatte uns noch nichts von ihm erzählt, von ihrem Kummerkind, das nicht und nicht erwachsen werden wollte. Und solche Besuche vom Ernstle mit einer Sammelliste am Sonntagnachmittag hatten wir noch oft. Und als wir mit dem Wilhelminele drauf zu sprechen kamen, erklärte sie uns, ihr Ernstle bekleide zur Zeit das Amt eines Gemeindeboten bei seinem Väterle. Es ist doch gelungen, und besser hätts nicht gehen könne, Ernstle wäre daheim, und man hätte ihn bei der Hand.

Wir vermuteten dies und das. Wir versuchten, uns das Verhältnis vom Wilhelminele zum Sohn Ernstle klarzumachen. Mit unseren Vermutungen blieben wir weit hinter der Wirklichkeit zurück, wie wir später feststellten.

Es wird Zeit, wieder auf den Sommer 92 zurückzukommen, da mein Roman erschien, von dem ich glaubte, er würde der letzte sein. Du siehst schon, ich habe ein bißchen Technik bei Ernest Hemingway gemaust, Technik aus seinem Buch *Tod am Nachmittag*. Es ist ein Buch über den Stierkampf und über Stierkämpfer, in dem der gute Ernest versucht, bis in die detailsten

Details des Stierkampfs zu dringen. Während des Schreibens müssen ihn auch mal Bedenken beschlichen haben, daß er sich mit seinem Buch allzusehr an spezielle Spezialisten wendet, daß der Verkauf des Buches nicht so recht florieren würde. Er hielt es für lukrativer, auch seine *Fans* zu berücksichtigen. (*Fans*, jeder modebewußte Deutsche weiß heute, was mit diesem Wort gemeint ist. Die Literatur benutzt die amerikanische Sprache über die Brücke Einig Vaterland, die das Ideal des *verblödeten* Weltbürgers immer begehrenswerter erscheinen läßt.) Ernest erfindet also eine alte Dame und unterhält sich während der Stierkämpfe mit ihr, über Literatur zum Beispiel, und gießt Gift über seine Kollegen aus, kurzum, er gibt sich in diesen eingestreuten Partien als *Papa Ernest* und so, wie ihn seine Leser, die nicht unbedingt auf Stierkampf aus sind, kennen. Der literarische Trick hat mir gefallen. Ich benutze ihn, sprechs auch gleich aus, damit den Buchbesprechern die Gelegenheit genommen wird, hämisch zu schreiben: seht, seht, jetzt ist er achtzig und fängt an zu klauen. (Das Verbum *stehlen* kommt, wenigstens in unseren Tageszeitungen und Magazinen, nur noch selten vor!)

Aber, aber, ich merke, daß ich anfange zu polemisieren, und gerade das wollte und möchte ich nicht mehr. Nur noch eines, ich wollt euch sagen, daß ich, im Gegensatz zu Ernest Hemingway, der seine alte Dame für sein Buch *Tod am Nachmittag* erfand, mein Wilhelminele nicht erfinden mußte. Es war da, als ich hierher in die Wälder kam, und ich ging ein Stück meines Lebenswegs freundschaftlich mit ihm zusammen.

Ehe mein Roman herauskam, von dem ich glaubte, er würde der letzte sein, geschah etwas, wovon ich vorher nichts gewußt hatte. Die Verleger warteten mit einer *Geburtstagsüberraschung* auf. Glaubt ihr das: In vielen Buchhändlern schien das Bedürfnis erwacht zu sein, Plakate mit meinem Foto in der Größe von Eisschranktüren in ihre Schaufenster zu hängen. Die Fotos waren einen Tag vor meinem Autounfall gemacht. Sie zeigten mich bärbeißig im schwarzen Lederblouson, mit schwarzer Ledermütze und einem Halstuch unterm Stoppelbart. Manche Buchhändler stellten außerdem mehrere oder alle Bücher aus, die ich schon geschrieben habe, darunter auch Bücher, die hie und da, nachdem uns der Kanzler die Einheit geschenkt hatte, aus Bibliotheken und Buchhandlungen auf die Straße oder in Abfallcontainer geworfen wurden, zwei oder drei mit einer gewissen Berechtigung, weil ich mich verpflichtet fühlte, in manchen Partien allzu gläubig sozialistisch-realistisch auf meine Nachbarn einzureden. Andere meiner Bücher allerdings flogen, ohne daß sie etwas von einem Glaubensbekenntnis in sich trugen. Dieser Vorgang machte mich nachdenklich und erinnerte mich an eine gewisse Bücherverbrennung. Aber ein *junger aufstrebender Kritiker*, der ein Geburtstagsinterview mit mir machte, fuhr mich harsch an und verdächtigte mich sogleich politisch, weil ich, wie er meinte, zwischen Bücherverbrennung und Büchervermüllung ein Gleichheitszeichen gesetzt hatte. Gott verzeih mir die Sünde. Jedenfalls lagen in den Schaufenstern der Buchhandlungen unter meinem Porträt auch Bücher von mir, die so aussahen, als hätten sie schon in Containern gesteckt. Ich will damit sagen, es spielt sich alles wieder ein, und es gab Augenblicke, in denen ich dachte, hatten wir das nicht schon einmal, hast du das nicht schon einmal erlebt? Merkwürdig war, daß in manchen Schaufenstern zwischen meinen Büchern auch Gerätschaften verstreut lagen, Backstubengeräte, die wohl auf meine Bäckerzeit hinweisen sollten, Pferdehalfter, Semmelkörbe und bemehlte Hauspantoffel. Dieser Umstand wars, der mich schließlich beim Verlag nachfragen ließ, was da vor sich ginge und ob das nicht alles ein wenig merkwürdig sei.

Man bat kleinlaut um Verzeihung, aber wenn man mich vorher gefragt hätte, dann wär es keine Geburtstagsüberraschung geworden. Man habe für die Buchhändler einen Schaufensterwettbewerb ausgeschrieben, und man war sogar noch weiter gegangen, ohne mich zu verständigen: Der erste Preis, der Preis also für das am originellsten ausgestattete

Schaufenster, war ich. In dieser Buchhandlung, so war bestimmt worden, sollte ich eine Lesestunde abhalten. Das isn Ding, hätte mein Großvater gesagt, sieben Brote gebacken und achte schuldig. Eine Weile überlegte ich, ob ich nicht den Mut aufbringen müßte, nein zu der ganzen Angelegenheit zu sagen, und ich hatte den Mut mal wieder nicht.

In welche Stadt ich auch kam, aus den Fenstern der Buchhandlungen begrüßte ich mich bärbeißig vom Plakat herunter. In einigen Städten gelang es mir unter Lebensgefahr, auf die andere Straßenseite zu kommen, wenn auf der meinigen eine Buchhandlung in Sicht war.

Aber so gings mir schon vor dem Vereinigungsgeschenk. Wenn ein neues Buch von mir in einer Schaufensterauslage zu sehen war, machte ich, daß ich weiterkam. Das war der Irrsinn, an dem ich vom Anfang meiner Schriftstellerlaufbahn an litt, ich schrieb Bücher, wollte, daß man sie liest, aber ich konnts nicht ertragen, wenn ich öffentlich mit ihnen konfrontiert wurde. Aber so schlimm wie im Jahre 92 war das nie gewesen. Im Verlag redete man auf mich ein, als ich nur die Andeutung machte, mich von dem Rummel zu distanzieren. Man redete mir von *Marketing*, und das sei das Neue und das Moderne, und ein Verlag, der das nicht betreibe, und ein Schriftsteller, der das nicht dulde, seien zum Aussterben verurteilt. Mein Gott, sagte ich, was müssen die armen Politiker in Wahlkampfzeiten ausstehen, die sich an jeder Litfaßsäule, an Bauzäunen, auf Zeitungsseiten, sogar auf Transparenten, die von Flugzeugen durch die Luft gezogen werden, wiedererkennen und peinlich berühren lassen müssen. Denen tut das nichts, wurde mir gesagt. Die sind eben auf das eingestellt, was du dir noch nicht zugelegt hast, *Marketing*. Da wurde ich klein und immer kleiner, ich kam mir schäbig und immer schäbiger vor und dachte wie damals, als ich Schwierigkeiten im Schreiben vom Schluß des Romans hatte: Weshalb hat das mit dem Unfall nicht geklappt? Es kann doch nicht sein, daß du aufgespart wurdest, um das zu erleben.

Ich besinne mich darauf, was ich bisher tat, wenn mir in

den Städten etwas nicht gefiel. Ich sah weg, drehte mich um und ging davon. Das Alter liefert dir Gebresten, die dich lähmen und mehr oder weniger an einen Fleck bannen. Andererseits enthebt es dich, den Eindruck zu erwecken, noch schön beweglich zu sein und am eingebildeten Fortschritt, dem ein Teil der Menschheit huldigt, interessiert und beteiligt zu sein, zum Beispiel, darauf zu lauern und dafür zu *kämpfen*, daß Berlin endlich wieder *Reichshauptstadt* wird. (In dir hat es jedenfalls als solche keinen guten Eindruck hinterlassen.)

Und wieder wende ich mich ab und gehe zu meinen Leuten in den Wäldern, die zwar auch ihre kleinen Ehrgeize pflegen, aber bescheiden.

Die Wege werden mit dem Vorrücken des Sommers sandig und sandiger. Es ist, als ob man auf Mehl umherläuft. Jetzt singt auch die Amsel nur noch mäßig, und man begnügt sich damit, wenn man die Vögel, die schon nicht mehr singen, durchs Gezweig huschen sieht. Es tröstet. Sie sind noch nah, der Winter ist noch weit.

Die Katze hat die Jungschwalben im Pferdestall gefressen. Sie benutzte eine Maschine, die in der Pferdebox abgestellt ist, als Trampolin, um von dort aus gegen das Nest zu springen. Man ist geneigt, der Katze gram zu sein. Die unschuldigen Schwälbchen, heißt es, und wie werden die Altschwalben ihre Jungen vermissen und leiden. Wenn uns die Katze aber Wühlmäuse, die sie fing, vor die Tür legt, loben wir sie ob dieser *Grausamkeit*. Also wird unser Standpunkt zur Grausamkeit der Tiere von dem diktiert, was wir Nützlichkeit nennen.

Ich esse rote Johannisbeeren. Zwischen den Träubchen hin und wieder ein dorniges Hühnerfederchen. Sogleich sehe ich die Hühner in ausgerutschelten Sandmulden im Bauerngarten unter den Johannisbeersträuchern im Schatten hokken. Eine Hühnerfeder, dieses zarte Gebilde, ermöglicht mir, etwas zu sehen, was da war. Kommen auf diese Weise auch jene Gebilde zustande, die wir Gespenster nennen?

Jeden Tag trinken meine Balkonblumen drei Eimer Wasser. Trotzdem blühen sie nicht freudig, sondern sie blühen so dahin, weil sie nun einmal Blumen sind. Die Hitze, die bissige Hitze. Kann man also auch von Pflanzen sagen, daß sie unter gewissen Umständen der Routine anheimfallen?

Die Menschen lauschen den Aussagen der Wetterberichte im *Televisor*, und die Wetterberichter ducken sich ein wenig, wenn sie ansagen müssen, der nächste Tag werde noch heißer auf uns niederfallen als der Tag vorher. Die Gottheiten haben sich eigentlich nie für die Witterung entschuldigt, die sie den Menschen schickten. Aber nun gibt es Wetterpriester oder Wetterfunktionäre, die nur zu gern wie Priester oder Funktionäre entschuldigend einspringen, wenn sich die Haupt- und Grundlehre ein wenig an der Wirklichkeit verbiegt.

Die Kirschen auf dem Baum vor meinen Westfenstern sind unabpflückbar. Der Baum ist hoch, und unten herum bewahrt ihn eine ausladende Hecke davor, eine Leiter anzulegen. Wir müssen die Kirschen den Staren überlassen. Noch hat niemand erwiesen, ob Stare Gedanken entwickeln, nicht ob ja, nicht ob nein. Es muß sich ja nicht gerade um das handeln, was wir Denken nennen, was die Stare tun, es kann Instinkt sein, der ihnen hilft, mit ihrer Umwelt umzugehen. Die Kirschen gehörten von Anfang an uns, mag ihnen dieser Instinkt sagen. Ihr Menschen seid gekommen, habt an ihnen gebastelt und sie etwas versüßt und glaubt, sie damit zu euren Kirschen gemacht zu haben. Und es hat Besitzer von Kirschbaumplantagen gegeben, die sich darüber ärgerten, daß wir die Kirschen früher ernteten als sie, und sie fällten lieber die Kirschbäume, wollten nicht mit uns teilen und bedachten nicht, daß mit dem Hinfällen der strotzenden Bäume weder sie noch wir Kirschen zu schmecken kriegten.

Dann kam Benno mit seinen Filmleuten, sieben an der Zahl, die meisten wohl Schweizer Franzosen. Benno sollte an seinen liebsten Plätzen unseres Dorfes, in dem er einst eine Weile gewohnt und sogar in der Genossenschaft gearbeitet hatte, um diese Form der Landwirtschaft kennenzulernen, von seinem damaligen Leben erzählen.

Benno war diesmal bartlos, sein Haar war noch üppig, aber leis angegraut, und ein greisenhafter Zug umspielte sein Gesicht. Er hörte mühsam zu und dachte dabei an etwas anderes. Bei der Sache ist er nur, das war schon immer so, wenns um Theaterdinge geht. Seinen Stolz auf die gelungene Regieleistung am *Schillertheater* vermochte er nicht ganz zu verbergen.

Am Nachmittag machten wir unser schon sehr lange vereinbartes Gespräch für den Film. Wir saßen an der Blumenkante vor der Pferdekoppel, hinter uns die Pferde, die neugierig teilnahmen. Der Hund lief von Zeit zu Zeit ins Bild. Er konnte nicht begreifen, es war seine Zeit, mit mir spazierenzugehen. Er stupste mich. Das Gespräch dauerte ihm zu lang. Dann ging er weg, aber nach einer Weile war er wieder da.

Benno weiß nicht recht, wie er sein Interesse fürs sozialistische Experiment, das in unserem Ländchen gemacht wurde, erklären soll. Er scheint mir zu jener Parte von Intellektuellen zu gehören, die gern wieder eine handfeste (linke) Utopie zur Verfügung hätten. Mich erstaunts, daß so wenig Leute nach dem kommunistischen Debakel ohne Utopie auskommen können.

Ich beobachte das Getu der Leute vom Film, den Tonmeister mit der Stange mit dem wurstartigen Gebilde von Mikrofon, das er über unseren Köpfen schwenkt. Der Moderator hockt im Schneidersitz vor uns. Kameramann und Regisseur sitzen auf dem verbrannten Rasen neben der Hausschwelle.

Ich denke: Wie viele Leute aus aller Welt sind in den achtunddreißig Jahren, da wir hier wohnen, durch Haus und Hof und Garten dieses unschuldigen Grundstücks am Ende des Wiesentales gezogen.

Man bedrängt Benno, eventuell das *Schillertheater* zu übernehmen, und wenn das nicht, zumindest dort als Gastregisseur zu arbeiten. Er ist unschlüssig. Es ist das erste Mal, seit ich ihn kenne, und das ist seit Jahrzehnten, daß ihn eine Frau unter der Fuchtel hat. Doch wir sind uns freundschaftlich wieder sehr nah.

Die alte Frau aus der Hauptstadt, die in der Holzhauerkate zu Besuch ist, ich bezeichne sie nicht als Dame, um Hemingway nicht zu nahezukommen, legt ihr Leseheft weg, als sie mich kommen sieht. Wir unterhalten uns über den Gartenzaun: Sie sin noch jung, Sie wern das noch nich so wissen, sagt sie.

Ich bin vier Jahre jünger als Sie.

Na, macht ja nischt. Ick war von Kind an scharf uff Jeld. Mit acht Jahrn schon vakoofte ich päckenweise Rigaer Schnitte (eine Art Pumpernickel) für zehn Pfennich, Streichhölzer nur fünf Pfennich, und das rief ick so laut wie een Marktschreier, verstehn Se? Meine Mutter durft es nich wissen, det ick det machte. Ick hatte imma Jeld und versteckte es uffn Hängeboden.

Eenmal kam ick in de S-Bahn mit eene ins Reden, die war zwölf Jahre und hatte schon een festn Kavalier. Das gabs damals ooch schon, gabs allet, nur nich so uffällig wie heutzutage. Sie lud mir ein zu Kaffee und Kuchen bei Kranzler, na jut, nachher lud sie mir ein nach Caputh, ihre Eltern hatten da ne Bäckerei. Sie und ihr Kavalier machten ihre Sache im Walde, na ja, ick lernte derweile die Gesellen von die Bäckerei kennen. Eener davon wurde mein Mann. Am 23. Juni 1926 kriegte ich mein ersten Kuß von dem.

Dann ham wer geheirat und een Jeschäft in Berlin uffgemacht, ham jejaunert und jejeizt, aßen nur Marjarine und das altbackne Zeuch aus dem Laden. Sie wern det nich so wissen.

Ich weiß es, ich stamme aus einem Bäckerhaus und bin selber Bäcker.

Na macht ja nischt. Und denn die Inflation. Sie wern dat nich so wissen.

Doch, ich weiß es. Die alte Frau wird unzufrieden mit mir, weil ich alles weiß. Nee, wat wir schon in die Welt ham durchmachen müssen, sagt sie, und ich laß sie erzählen, ohne sie zu unterbrechen.

Die Doktorin will herausfinden, weshalb mein Befinden ins Stolpern kam, sie mißt die Zuckerwerte, zapft Blut ab, beklopft und behorcht mich. Es ist Spätnachmittag, und die Amsel singt im Garten. Wieder gehen die Frauen auf mich los, ich soll meine Lunge nochmals auf Krebs untersuchen lassen. Sie glauben wirklich, wenn sich der Verdacht der Doktorin bestätigt, daß ich mich mit meinen achtzig Jahren noch operieren und schinden lasse.

Das habe ich schon an meiner Zweitgroßmutter, an deren Verhältnis zu ihrem einzigen Sohn Phile erkennen, aber auch anderwärts in solchen Fällen bewundern können: sie gaben niemals zu, so offensichtlich es auch war, daß Gott oder jenes große unbekannte *Es* ein oder zwei Naht- oder Lötstellen im Hirn ihrer Kinder vernachlässigt hätte, und sobald ein Fremder das mit Worten oder mit seinem Mienenspiel andeutete, wurden sie hornissig. Da hatte zum Beispiel meine Zweitgroßmutter ein Stößlein Vorzüge aufeinandergepackt, die sie aufblätterte und denen entgegenhielt, die an den korrekten Hirnleistungen ihres Phile-Sohnes zweifelten. Und da gab es hohe Leute, die sich abwandten und sagten, so daß die Großmutter es noch hören konnte: bei dem ist doch ne Schraube locker. Oder etwas vorsichtiger: bei dem stimmt doch nicht alles. Die alte Gemeindeschwester, eine kultivierte Adlige, sagte: kuriose Gedanken, die dem Hirn Ihres Sohnes entspringen. Aber das dämpfte nichts. Weil die Großmutter nicht wußte, was sie unter kurios zu verstehen hatte, empfand sie auch das als eine Beleidigung. Die mit ihre rote Nase, soll sie sich die erstmoal besehn. Der Großvater sagte zu den verrückten Gedankengängen und Lebenshaltungen von Onkel Phile: alles wie bei Müllers Augusten. Müllers August, der Schwestersohn des Großvaters, war so etwas wie der Ur-Eulenspiegel der Kulka-Linie. Er setzte jeden Groschen, den er ergattern konnte, in Schnaps um, versuchte, aus Gartenpfefferminze und Spiritus grünen Weiberschnaps zu machen, verpaarte einen Schafbock mit einer Ziege, erzielte wirklich ein Lamm und nannte es Schiege. Ich hielt es immer für ein Märchen, bis ich eines Tages in den achtziger Jahren im *Zirkus Berolina* eine Schiege zu sehen kriegte, die im engen Stallzelt entstanden war.

Von Großvater hatte Onkel Phile seinen *Klaps* jedenfalls nicht. Er hatte ihn von Müllersch August. Es muß ne Art krumme Vererbung geben, sagte er. So jedenfalls sprach Großvater von der Launenhaftigkeit der Gene und war damit den Entdeckungen der heutigen Zeit nahe. Und manchmal denk ich, der Fortschritt, von dem geredet wird, liege in der neuen Beniemung alter intuitiv erkannter Vorgänge.

So auch mein Wilhelminele. Sie wußte einen ganzen Pakken Vorzüge aufzublättern, wenn jemand Hirnstörungen bei ihrem Ernstle vermutete. Ich mußte eine solche Vermutung nicht aussprechen. Als das Wilhelminele und ich uns etwas näher kannten, fragte sie mich, ob ich ihren Ernstle nicht ab und zu beschäftigen könne. Sein Dienst als Gemeindebote reiche nicht aus, Ernstle so zu beschäftigen, wie sie, Wilhelminele, es sich wünschte. Weischt, er is e bißle wunderlich von Zeit zu Zeit, weihte sie mich ein, bißle ängschtlich auch, aber ein guter, guter Mensch, wenn er genug Zigarre und zu rauche hat. Ich müßte ihm nichts zahle für seine Arbeit bei mir, könnte sie mit Zigarren vergüten, allerdings, mit dem Pferd dürfte ich ihn nicht arbeiten lassen, vor Pferden und Hunden fürchte er sich.

Ach, eine männliche Hilfskraft dann und wann hätt ich schon gern gehabt. Weil ich damals noch oft in die Hauptstadt mußte, wärs mir lieb gewesen, wenn die Gartenarbeit trotz meiner Abwesenheit vom Fleck gekommen wäre. Die Heuzeit kam heran, ich hatte vor, das Gras auf Reutern abzutrocknen. Damit hatte ich als Landarbeiter in Thüringen gute Erfahrungen gemacht. Der Förster wies mir eine Schonung an, aus der ich Stangenholz für die Reuter holen durfte, eine Arbeit für Ernstle. Ich zeichnete in der Schonung die dünnen Kiefern an, die Ernstle absägen und heraus auf den Weg schaffen sollte. Zuvor mußte er hereinkommen und mit uns essen. Dann ging ich zum Schreiben in meine Kammer.

Gleich nach elf Uhr stellte sich Ernstle zum Mittagessen ein.

Noch bissel früh, Ernstle.

Nein, genau Mittag. Woher er das wüßte, ohne Uhr.

Er habe einen Finger naßgemacht und auf die Sonne gehalten, habe bis zwölf gezählt, und der Finger wäre trokken gewesen. Ja, ja, man lernt viel im Leben. Es gab Suppe aus grünen Bohnen. Ernstle ließ sich seinen Teller dreimal vollkellen, bat um eine Zigarre, machte sichs bequem und rauchte. Mit der brennenden Zigarre im Wald wird man bestraft, erklärte er unserer Christa. Ja, man lernt viel im Leben.

Am Nachmittag wollte ich mir ansehen, was Ernstle geschafft hatte. Am Wegrand lagen drei gefällte Bäumchen. Aus der Schonung kam das Gestöhn von Ernstle. Ich ging nach ihm sehen. Er mühte sich ab, eine gefällte Jungkiefer quer zu den Schonungsreihen aus dem Wäldchen zu schieben. Manchmal kam der Bäumling von selber in eine Schieflage, dann glückte es, und Ernstle kam ein Stück weiter mit ihm. Hast du das gesehn, dachte ich, und immer dachte ich, die Schildbürgerstreiche hätte sich jemand mühevoll erdacht. Die Waldarbeiter hatten Feierabend, schoben ihre Fahrräder durch den Sand, sahen Ernstle in der Schonung, stießen einander an, sieh mal an, der Bua arbeitet. Der Bua, so wurde Ernstle daheim vom Wilhelminele genannt. Aber es kommt alles unter die Leute, da ist kein Ritz zu schmal. Der Bua arbeitet. Ich horchte auf, ich stutzte und wurde neugierig auf das, was mir Ernstle noch bieten würde. Das Arbeitsergebnis von Ernstle waren an diesem Tage fünf abgesägte Jungkiefern die traurig am Wegrand lagen, und einige andere Jungkiefern, im Bestand, deren Rinden Ernstle mit seinem merkwürdigen Holztransport verletzt hatte und die still ihre honigartigen Harztränen weinten, als der Mond aufging.

Am nächsten Tag kam Ernstle nicht zur Arbeit. Dafür kam das Wilhelminele und erkundigte sich, ob etwas geschehen sei. Leider nicht, es sei so gut wie gar nichts geschehen, sagte ich. Als ich mich leise über die ungenügende Arbeitsleistung vom Ernstle beklagte, blätterte das Wilhelminele in dem Block der bereitliegenden Entschuldigungen. Ich hätte Ernstle wohl am falschen Ende an die Arbeit gesetzt. Mit Holzarbeiten wäre er ganz und gar nicht vertraut. Und wo war Ernstle? Er saß zu Hause, die Zigarre im Mund, und studierte. Dazu muß man wissen, daß in jener Zeit der Drang bestand, sich wissenschaftlich auszudrücken, selbst eine Zeitung las man nicht, man studierte sie. Und Ernstle studierte die gesammelten Reden Stalins. Er hatte sie jedenfalls vor sich liegen, las, bewegte die Lippen, die Zigarre wackelte, und Zigarrenqualm hüllte die gedruckten Reden Stalins ein. Das Wilhelminele wußte auch daraus eine Tugend vom Ernstle zu filtern. Weischt, er ist von allen Mitgliedern der Ortsgruppe stets am beschte im Parteilehrjahr vorbereitet. Wenn er sich mit seinem Stalin beschäftige, sei er nicht aus den Büchern zu kriegen. Ich möge es dem Ernstle, besonders ihr, nicht verübeln und Ernstle wieder heranholen und vielleicht im Garten beschäftigen. Ich tat so und ließ Ernstle am nächsten Tag die Erdbeeren im Garten behacken. Er tats nicht ungeschickt, wußte das Unkraut von den Erdbeerpflanzen zu unterscheiden. Eine halbe Stunde lang stieg blauer Rauch vom Erdbeerfeld auf, wenn ich aus meiner Arbeitsstube nach Ernstle sah. Aber dann wurde mit voller Faust an meine Stubentür geklopft, Klopfzeichen Marke Ernstle, ihm sei so merkwürdig im Kopf. Das müßten wohl Kopfschmerzen sein, ob ich wohl eine Zigarre für ihn übrig hätte. Ich ließ ihn eine schmerzstillende Tablette schlucken, gab ihm eine Zigarre und wies ihn an, die erst anzubrennen, wenn die Kopfschmerzen verflogen wären.

Schon nach fünf Minuten stieg wieder blauer Zigarrenrauch aus dem Erdbeerbeet, und mit dem Rauch, den die Zigarre von sich gegeben hatte, verschwand auch Ernstle um die zehnte Vormittagsstunde.

Am Abend ging ich nach ihm sehen. Natürlich wußte das Wilhelminele ihn zu entschuldigen. Diese Kopfschmerzen, schon seit seiner Schülerzeit plage sich der arme Junge damit. Manchmal seien die Kopfschmerzen so schlimm, daß sie für sie, die da außen stände, sichtbar wären. Ernstles Kopf röte und vergrößre sich. Besonders, wenn Ernstle genügend Freibier getrunken hätte, ergänzte Albert, der an diesem Abend daheim war. Wie kannscht so über den Bua rede, wies ihn Wilhelminele zurecht.

Damals wars gefährlich, Stalins Reden zu betadeln, so gefährlich, wie in der Zeit, die wir vorher hatten, etwas Abträgliches gegen die Hitlerbibel *Mein Kampf* zu sagen. Könnte es nicht sein, daß Stalins zukunftbezogene Reden und die Wirklichkeit, in der Ernstle lebt, ihn verwirrten und die Kopfschmerzen herbeiführten, sagte ich vorsichtig, sehr vorsichtig. An diese Möglichkeit hatte auch das Wilhelminele schon gedacht, und sie hätte die Absicht gehabt, Ernstle eine andere Lektüre zu unterschieben. Es stehen da im Regal fünf Bücher, von einem Manne geschrieben, der freilich schon älter wäre als der Genosse Stalin. Zur Vorsorge habe sie jedoch erst selber ein wenig drin gelesen, und sie habe lauter dunkle Gedanken darinnen gefunden. Ich wurde neugierig. Ob ich diese Bücher sehen dürfe? Ich durfte. Der Mann, um den es sich handelte, war Schopenhauer, und die fünf Bücher waren die *Großherzog-Wilhelm-Ernst-Ausgabe*, auf Dünndruckpapier vom *Insel Verlag* gedruckt. Ich hatte Schopenhauer schon in meiner Fabrikarbeiterzeit gelesen. Billige Reclam-Bände. Meine erste Frau hatte sie in einem Antiquariat zu Kinogeld umgeformt. Lüstern blätterte ich in der Insel-Dünndruckausgabe. Wer konnte wissen, wie sie sich in die Obentrautsche Wohnung verirrt hatte? Nach dem Weltkrieg römisch zwei waren viele Dinge als Tauschobjekte unterwegs. Wer hätte herausfinden wollen, in die Bibliothek welches Gutsbesitzers oder Schloßherrn die Schopenhauerbände gehörten.

Das Wilhelminele bat mich, es doch noch einmal mit ihrem Ernstle zu versuchen, er habe ja nicht alle Tage Kopfschmerzen. Wenn ich Lust hätte, könnte ich die fünf Schopenhauerbände mitnehmen und behalten. Mitnehmen und behalten ja, aber nicht unentgeltlich. Ich zahlte dem Wilhelminele einige Tage später hundert Mark, weiß ich, und das war ein rechter Segen für ihre magere Haushaltskasse. Und so war es eigentlich Schopenhauer, der mich willig machte, es noch einmal mit Ernstle zu versuchen. Aber auch aus diesem von Schopenhauer abgesegneten Arbeitsverhältnis wurde nichts. Ich nagelte die Heureuter zusammen. Ernstle sollte mir zuarbeiten, sollte die Stangen nach Maß zurechtschneiden. Eine Weile gings gut, aber eben nur eine Weile, dann stimmten die Maße der Stangen nicht mehr, und ich sah, wie Ernstle, wenn die Länge der Stange nicht ausreichte, den Zollstock weiterschob, bis das Stangensoll erreicht war. Es kam zu keiner Zusammenarbeit mit Ernstle. Das Wilhelminele bedauerte es zeit ihres Lebens und verstieg sich zu allerlei gewagten Behauptungen, wie zum Beispiel, der einzige Mensch, den ihr Ernstle wirklich respektiere, sei ich. Und eine andere Behauptung lautete, daß, wenn ihr Ernstle mit einer solchen Frau wie meiner Eva verheiratet sein könnte, er mit seiner geistigen Veranlagung und Hinwendung zu den Büchern auch was Ähnliches geworden wäre wie ich.

Ach ja, ach ja, der Ernstle, ohne daß eine der Behauptungen seines Mütterleins zutraf, meldete er sich von Zeit zu Zeit, solang das Wilhelminele noch lebte, bei mir. Einmal sagte er, ich habe es mir überlegt und bin ein anderer Mensch geworden, Genosse Strittmatter. Oder er sagte, ich habe mir grundlegend verbessert, und wenn ichs nicht glauben würde, könnte ich ja sein Mütterlein fragen. Nun, wir werden noch hören, in welcher Weise Ernstle sein Leben verbesserte.

Merkwürdige Leute besuchten uns. Sie hatten ihren Besuch schon zwei Wochen vorher angekündigt. Ein Herr Rat und seine Frau vom Rhein. Weshalb sollten wir mit solchen Leuten nicht einmal sprechen, da wir jetzt doch Bonn unterstellt waren? Die Frau des Regierungsrates beschenkte mich mit einer Tube total wirksamer Antirheuma-Salbe, und er beschenkte mich mit drei Flaschen weißem Moselwein. Der Herr Rat verfügt über eine Glatze, die nicht kleiner ist als meine. Doch er ließ sein Schläfenhaar in die Länge wachsen und bauschte es auf, und es steht ihm zu Kopfe wie die Gänseflügel am Helm von Gott Hermes.

Er packt mindestens dreißig Bücher von mir und Evchen auf den Tisch und will sie signiert haben. Einen Teil der Bücher scheint er sich aus Antiquariaten zusammengeschleppt zu haben.

Zuerst beschnüffelt man einander. Die untersetzte Frau hat ein gütiges Gesicht. Das Gesicht des Herrn Rats ist schwer zu deuten. Wenn sie so reden, jedenfalls Leute mit dem achtundsechziger Linksdrall. Sie kritisieren die Regierung, die ja jetzt auch die unsre ist. Die meisten Politiker wären korrupt (das wissen wir inzwischen auch). Sie knurren, aber beißen nicht, heißts von den Politikern. Aber unsere Besucher knurren und beißen eben auch nicht, mit Rücksicht auf ihre feste Anstellung. Quintessenz: Man schreit empört nach Gerechtigkeit und gesteht, daß man gegen die Ungerechtigkeit als Kleiner Leut nichts tun kann. Selbst Revolutionen helfen nur für kurze Zeit oder gar nicht. Ich riet, man sollte sich der Wünsche nach einer Weltgerechtigkeit entschlagen und in dieser Hinsicht stolz und unangreifbar werden. Aber das lag nicht in den Erwägungen des Herrn Regierungsrates. Er war dafür, die Haltung der zu kurz Gekommenen zu kultivieren, war bereit, auf neue oder frisierte Utopien *einzusteigen.*

Vor dem Treppenpodest am alten Haus steht eine stämmige Wegwartenstaude, und ihre zartblauen Blüten strahlen auf die Umgebung aus.

Elf Jungrinder, bunt und zutraulich, grasen in der Wiesenlandschaft vor dem Haus. Sie gehören einem neuen Neubauern aus dem Dorf. Um die Mittagszeit liegen sie um den Stamm einer Erle herum und bilden eine bunte Rinderrabatte.

In der *Hamburger Morgenpost* wurde mein Geburtstag einen Monat zu früh angezeigt. Leser aus der Hamburger Gegend gratulierten demgemäß zu früh. Sie machen mich zu einem Spätgeborenen.

Viele Pferde hats bis zu meinem achtzigsten Geburtstag auf dem Schulzenhof gegeben, viele Pferde, allein über hundert Fohlen sind hier geboren. Es gab nur eine Ponystute, mit der ich nicht ins Gespräch kam. Wir kauften sie aus Erbarmen. Sie stand in einem sehr vermisteten Stall, so daß sie keine Schimmelin mehr war, sondern wie eine Falbin aussah. Wir kauften sie so, wie sie dastand, bis an den Bauch im Mist, aus Erbarmen eben. Als wir sie aus dem Stall holten, sah ich schon, sie trippelte, bewegte sich nur in kurzen Schritten vorwärts. Ich konnte noch so suggestiv auf mich einreden, dieses Getrippel, es war nicht auszuhalten, die Barmherzigkeit wurde vom ästhetischen Anspruch des Pferdekenners besiegt. Wir gaben die Stute einem Schriftstellerfreund, bei dem sie nichts zu sein hatte als ein Ausstattungsstück auf der Hauswiese.

Ähnlich unbefreundet blieb ich mit unserem *Wolga*-Auto. Mich bedrückte schon damals, daß ich den *Wolga* per Zuweisung kriegte, als es hier im Ländchen Autos nicht frei zu kaufen gab, aber mein rheumatisches linkes Knie verlangte, daß ich, wenn ich im *Wartburg* nach Berlin fuhr, mindestens dreimal aussteigen mußte, um das Knie zu entschmerzen. Nach der Einheit unseres Landes, dem Geschenk, das der Kanzler uns machte, wie er sagte, wurde der Besitz eines *Wolga*-Autos, das wer außer der Reihe bezogen hatte, zu einer Art politischem Verbrechen heraufstilisiert. Ich gesteh, daß mir war, als wär eine Last von mir genommen, als ich ihn billig an einen russischen Hauptmann verkaufen konnte, dem ich damit, wie er sagte, eine Freude machte und dem es eine Ehre war.

Zuvor aber macht es sich notwendig, von einem anderen Erlebnis zu erzählen, das sich ereignete, als wir das erste Jahr hier in unserer Kate in den Wäldern waren: Im Nachbarhause wohnte damals eine noch rüstige, etwa siebzigjährige Witwe, eine angenehme Nachbarin, mit einem Zug von Vornehmheit, eine Verwandte des übernächsten Nachbarn. Der Zug von Vornehmheit war wohl über die Witwe gekommen, als sie sich in jungen Jahren auswärts, auch in Berlin, aufhielt.

Es war eine dunkle, regnerische Herbstnacht. Aus dem Garten der Witwe brachte der sachte Wind Nußduft herüber, eine Nacht mit ausgestorbenen Sternen, und die Hochkiefern raunten herüber, und im Küchenofen bubberte ein Holzfeuerchen.

Da kam ein Schrei, als stürbe jemand einen schrecklichen Tod, aus dem Nachbarhaus, aus dem Haus der Witwe eben. Schließlich ging der Schrei in eine Art Hilferuf über. Die Russen, die Russen, und tatsächlich, ich hörte russische Laute im Nebenhaus, und sonst hörte ich nichts aus einem der anderen Häuser. Die Leute waren eingeschüchtert, das Kriegsende war noch zu nahe, und die Frauen versteckten sich instinktiv, wenn ein Russenfahrzeug durchs Vorwerk fuhr.

Ich rannte hinüber zum Nachbarhaus, und wenn ichs jetzt überdenke, aus zweierlei Gründen, erstens, um der Nachbarin zu helfen, falls mir das gelingen konnte, und zweitens, um den Russen aus Solidarität ideologisch behilflich zu sein, die Abneigung, die man allenthalben gegen sie hegte, zu mindern. In der Wohnung der Witwe traf ich auf vier untersetzte Russchen, die dort Schränke und Schübe untersuchten. Einer der Russen hatte in der Küche die Essigflasche erwischt, einen Hieb draus genommen, sich den Mund verätzt und den Essig als Gesprüh gegen die Frau geprustet, die sich die angewinkelten Arme vors Gesicht hielt. Mein Russisch besteht nur aus wenigen Vokabeln, und ich stellte meine Stimme auf tief und männlich um und brüllte *schto takoj*! Das war wie ein Zaubersatz. Alle Bewegungen der Russchen erstarrten, und ich nannte die Russen *Towarischtschi* und deutete ihnen an, mir zu folgen, ich hätte echten Wodka daheim, und ich war selber erstaunt, die Russenjünglinge folgten mir, wie die Hühnerküken einer Glucke folgen.

Ich kann mich nicht erinnern, ob meine Frau daheim war, aber Christa und die Kinder waren da, und die hielten sich versteckt, und ich nahm die *Russkis* mit in meine Arbeitsstube, schenkte Wodka in Gläser und bewirtete sie und versuchte, auf den Burschen, den ich für den Anführer des Trupps hielt, besänftigend einzureden. Er hatte das Gesicht eines intelligenten Arbeiters und verschloß sich meinem freundschaftlichen Gerede nicht. Und als ich ihm mit meinem Kauderwelsch vermittelt hatte, daß ich ein Schriftsteller wäre, nahm er das ein, was man beim Militär Haltung nennt, und ich lenkte wieder ein, trat an mein primitives Bücherregal und holte den Roman *Die junge Garde* von Fadejew heraus.

Und nun verlangt das Erzählerische wieder nach einer Nebengeschichte: Den Winter zuvor hatte ich am Zweiten Allunionskongreß der sowjetischen Schriftsteller in Moskau als Gast teilgenommen. Fadejew war damals der Vorsitzende des Sowjetischen Schriftstellerverbandes, und am Schluß des Kongresses lud er die Gastdelegationen aus aller Welt, je mit einer halben Stunde Abstand, zu sich. Was geredet wurde, weiß ich nicht mehr. Doch zum Abschied schenkte er jedem Gast seinen Roman *Die junge Garde*, möglichst in dessen Heimatsprache. Und wir nahmen alle Fadejews Geschenk artig entgegen, Anna Seghers und Willi Bredel, aber auch Jorge Amado, Pablo Neruda und wer weiß wer alles. Fadejew galt, damals jedenfalls in der Sowjetunion, als großer Schriftsteller. Ich weiß nicht, ob alle, die ihn lobten, ihn auch gelesen haben. Ich habe es versucht und bin mit seiner *Jungen Garde* nicht weit gekommen. In den Sozialistischen Ländern wurde er vor allem der Jugend empfohlen.

Aber nun wieder zu meinen vier Wodka-Säufern in der Arbeitsstube. Ich zeigte dem Burschen, den ich für ihren Anführer hielt, den Roman von Fadejew. Das machte keinen Eindruck auf ihn. Er konnte die deutsche Schrift nicht lesen. Aber dann zeigte ich ihm Fadejews Widmung in russisch und mit seinem Namenszug, und da nahm er wieder Haltung an, wurde fast devot und zog eine Landkarte, ein Meßtischblatt, aus seiner Bluse. Ich sollte ihm zeigen, wo er sich befände. Ich zeigte es ihm, und er zeigte mir, wo er hin mußte, wo er sich mit seinen Leuten treffen sollte. Ich brachte meine Gäste zur Straße, die damals noch ein löchriger Waldweg war, und setzte sie nach dem Nachbardorf Menz in Marsch. Der Anführer hob seine Kalaschnikow und gab drei Schüsse ins Nichts ab, alsdann suchten sie beim Scheine einer Taschenlampe die leeren Patronenhülsen zusammen. Sie mußten wohl abrechnen. Es war jetzt Frieden mit Bürokratie, kein Krieg mehr. In meiner Arbeitsstube roch es nach Stiefelleder und durchschwitzten Uniformblusen. Christa saß auf der Ofenbank und zitterte. Sie glaubte, unsere *Freunde* hätten mich erschossen.

Ich stellte fest, daß mir die Bürschlein, während ich mit ihrem Anführer verhandelte, alle Zigarettenpackungen, die auf dem Bücherbrett lagen, gestohlen hatten, auch eine Flasche billiges Herrenparfüm war verschwunden. Damals wußte ich noch nicht, daß die *Freunde* auch Parfüm tranken, wenn sie in Wodka-Not waren.

Und was Fadejew betraf, so nahm er sich ein Jahr später das Leben. Es hieß, er habe Todesurteile, die die Stalin-Clique gegen Schriftsteller anfertigen ließ, unterschrieben. Wenn ich bedenke, daß Fadejew, der mir seinen Roman mit dem Autogramm mit ermunterndem Lächeln zureichte, auch das Todesurteil für Isaak Babel unterschrieb! Da begann für mich die Zeit mit dem *Gleichheitszeichen*, tauchte auf, wurde verdrängt oder wurde mir ausgeredet. Ich werde noch davon reden.

Jetzt wieder zurück zum *Wolga*-Auto. Ich konnte mich nicht recht mit ihm anfreunden. Es steckte die Kraft eines Traktors in ihm, ich *beherrschte* es nicht. Mir war, als säße ich auf einem Belgier-Pferd oder einem Ardenner-Pferd, das nicht *durchlässig* wurde, bei dem ich die ganze Zeit das Gefühl hatte, es könnte mir beim geringsten Anlaß durchgehen. Und eben weil es nicht durchlässig war wie die anderen Pferde, die ich geritten hatte. Nun also auch das *Wolga*-Auto. Der Vorteil, den es mir brachte: Ich fuhr es ohne Schmerzen im Knie.

An einem Sommersonntag, die Hoftorklingel war abgestellt, der vielen unangemeldeten Ferienbesucher wegen, wurde mit der Faust ausdauernd gegen das metallene Tor geschlagen. Ich ging nachsehen. Draußen stand ein russischer Offizier, groß und steil und, mit Frauenaugen gesehen, wahrscheinlich schön. Er konnte nicht Deutsch, und sein Fahrer konnte nicht Deutsch, nur so viel, er wolle mein *Wolga*-Auto kaufen. Ich hatte diese Absicht zwar nicht veröffentlicht, der Offizier, wahrscheinlich ein Sibirier, *vermutete*. Denn um diese Zeit verkauften alle Leute, die ein russisches Auto fuhren, ihre *Wolgas* und *Moskwitschs*. Ich war mir nicht schlüssig. Er möge in vierzehn Tagen wiederkommen, bedeutete ich dem Offizier. Er wollte den Preis des *Wolgas* wissen. Viertausend sagte ich aufs Geratewohl. Ich hatte keine Ahnung von den derzeit gültigen Preisen.

Vierzehn Tage später saßen wir unter der Hofbirke, der russische Hauptmann (auf Abruf), ein munterer Studiosus mit blitzenden Augen, der seine Soldatenzeit als Einkäufer für die Garnison ableistete, und dessen Braut, eine kleine charmante Germanistin, die als Dolmetscherin mitgekommen war Ihnen gegenüber mein Sohn Jakob und ich. Ich hatte Jakob hinzugebeten, er möge aufpassen, daß sein Vater beim Handel keine Altersdummheiten macht. Jakob hat seine Brille aufgesetzt, blickt streng und doch wiederum verbindlich drein.

Die Russen holen Beutel und Kartons aus ihrem Auto auf den Hof. Wodkaflaschen, Krim-Sekt, Konserven, Wurst und wer weiß was. Der Tisch unter der Birke wird zur Theke. Jakob holt Gläser aus der Kate. Der Hauptmann schneidet mit einem Dolchmesser eine Dauerwurst in Stücke, Jakob holt Brot. Dem Umtrunk entziehe ich mich mit dem Hinweis auf meinen Diabetes. Außerdem deute ich an, daß wir unsern *Wolga* nicht für Getränke und Waren abgeben wollen. Aber nein, nicht, nicht, das Gebringe spiele keine Rolle. Es sei überdrauf, es sei das Gastgeschenk der Russen.

Dann der Handel. Jakob setzt den Preis fest, sechstausend, und ist sichtbar bewegt, keinerlei Herunterhandeln zuzulassen. Der Hauptmann verweist darauf, daß ich bei seinem ersten Besuch viertausend gesagt hätte. Wir erklären ihm, gebrauchte *Wolgas* wären in der letzten Zeit teurer geworden. Die beiden Russen reden miteinander, sie einigen sich anscheinend auf eine Pferdehändlertaktik. Sie werden nicht bereuen, läßt uns der Hauptmann sagen, mit uns unter der Birke gesessen und gut gegessen zu haben. Sie müßten sich jetzt verabschieden.

Ich lasse ihnen sagen, daß ich ihre Taktik als alter Pferdehändler, der ich bin, durchschaue und daß sie, wenn sie gehen würden, keine Aussicht hätten, den Wagen zu kriegen.

Sie blieben und berieten wieder. Jakob und ich unterhielten uns mit der Dolmetscherin, die uns gefiel. Wir fragten sie nach ihren Aussichten und Plänen. Sie fragte uns nach unseren Berufen. Ich sei ein Rentner, das sei klar, aber was ich früher gearbeitet hätte? Ich zögere ein wenig, dann sage ich doch: Schriftsteller. Dann kommt das, was mich seit meiner Verhaftung damals in Grodk für die Russen einnimmt, ihre Begeisterung für alles, was mit Kunst, vor allem aber mit Literatur zusammenhängt. Schriftsteller, sagt die Kleine begeistert und will wissen, ob ich Romane, ob Gedichte schreibe. Mir ist diese kindliche Verehrung in Rußland mehrere Male widerfahren, aber jetzt und in diesem Augenblick denke ich: wird diese Arglosigkeit der russischen Leute, die sich anfangen auf westliche Verhältnisse einzustellen, nicht bald ausgemerzt sein, diese Hingabe, die vor Jahrzehnten Rilke fürs russische Volk schwärmen ließ?

Der Hauptmann sagt, da es sich um ein Schriftstellerauto handelt, das er nun kaufen würde, will er sechstausend, glatt sechstausend bezahlen. Er zahlt sogleich dreitausend Mark an. Die kleine Dolmetscherin mit dem zerkringelten blonden, hellblonden, Haarschopf schreibt mir die Personalien des Hauptmanns für den Kaufvertrag auf. Eine Quittung lehnt er ab. Ich hole Bücher für die drei, die russische Übersetzung vom *Laden*, eine ukrainische Übersetzung vom *Ole Bienkopp*, und die Dolmetscherin kriegt die *Wundertäter*-Kassette in Deutsch. Und als sie meinen Namen sieht, erinnert sie sich, daß sie meine Romane *Tinko* und *Bienkopp* in Russisch gelesen hat. Sie preßt die Buchkassette an die Brust und girrt im slawischen Urmütterlaut: wie Traum, wie Traum. Der Hauptmann legt die Hand aufs Herz und sagt unpassend: Entschuldigen Sie mich. Wahrscheinlich der einzige vollständige deutsche Satz, den er beherrscht. Der kleine Händler-Studiosus macht fixe kurze Verbeugungen.

Aber nun wirds kritisch. Der Hauptmann bittet, das Auto gleich mitnehmen und den zweiten Teil der Kaufsumme bringen zu dürfen, wenn er den Kaufvertrag und die auf ihn umgeschriebenen Autopapiere in acht Tagen abholen würde. Ich war im Begriff, einverstanden zu sein, doch es kam sofort ein energischer Einspruch von Jakob, und sogleich wurde mir klar, daß mich Jakob womöglich vor einer Dummheit bewahrt hatte, und ihr werdets nicht glauben, aber ich dachte an den nächtlichen Besuch der Russengruppe vor über dreißig Jahren. Es wäre ja möglich gewesen, daß wir uns einer sogenannten *Russen-Mafia* ausgeliefert hätten.

Ob wir es mit einem Betrugsversuch zu tun hatten oder nicht, erfuhren wir nie. Meine Autoreneitelkeit sagt nein, nein, nein. Die Russen kamen zur verabredeten Zeit wieder, ein wenig zugeknöpfter, wie uns schien, und etwas mäkliger. Die Dolmetscherin allerdings war freundlich und begeistert wie zuvor.

Bevor sie abfuhren, schien meine Vertrauensseligkeit recht zu kriegen. Der Hauptmann bedankte sich bei mir, ich möge wissen, daß ich ihm eine große Freude gemacht hätte. Er führe jetzt direkt zum Flugplatz, um seine Familie abzuholen. Seine Familie käme aus dem Urlaub. Sie habe sich in der Heimat nach einer Wohnung umgesehen, sie hätten dort keine mehr, sie brauchten bisher keine, sie hätten hier eine gehabt. Aber jetzt müßten sie zurück, so sei der Befehl.

Vor vierzig Jahren fielen die Deutschen in ihr Land ein, um ihre Ideologie auszurotten. Es gelang den Deutschen nicht. Die Russen durften sich für eine Zeitlang Sieger fühlen und besetzten das halbe Deutschland, um hier die politische

Ideologie zu korrigieren. Es gelang ihnen nicht, nein gar nicht. Ihre politische Ideologie, die sie für sieghaft gehalten hatten, ging dabei zugrunde.

Da fuhren sie dahin, die Menschen aus dem Lande Tolstois, aus dem Lande Puschkins und Paustowskis. Ich winkte ihnen nach, sie winkten zurück, sie, wie mir schien, mit der Einsicht und ich mit der Einsicht, daß die Menschheit mit politischen Ideologien ethisch nicht zu verwandeln ist. Was sie mit mir und was mich mit ihnen verband: die Liebe zur Literatur.

Gleich darauf setzte der Ansturm der *Medienvertreter* auf unseren Waldwinkel ein. *Medien* – ich gestehe, ich liebe das Wort nicht. Es geht wie eine Grippe unter den hiesigen Menschen um, und ich unterdrücke ein kleines Wiehern, wenn einer meiner Nachbarn sagt, die Mediums würden alles verrückt machen. Ich bin auf der Suche nach einem handlicheren, unabgeplapperteren Wort und finde keines. Ich will ja nicht in die Nähe der arischen Sprachreiniger gelangen, die verlangten, man möge für das französische Wort Klosett das gute deutsche Wort Scheißhaus setzen. Kurzum, es war, als hätten Film- und Presseleute ein Spiel gespielt, das wir als Kinder *Stille Post* nannten. Jedenfalls muß die Nachricht, die von Mann zu Mann weitergegeben wurde, geheißen haben, es habe da ein Schreibbesessener geschafft, achtzig Jahre lang zu leben, und es wurde auch der genaue Tag dieser Angelegenheit weitergegeben, aber bei manchen schien die Nachricht etwas verkrüppelt angekommen zu sein, ich sagte es schon, eine Hamburger Zeitung brachte ihr Gratulationsgeschreibsel einen Monat zu früh. Ich bemerkte es erst, als meine Leser aus der Hamburger Gegend zu früh gratulierten.

(18. Juli 93.) Ich habe Heimweh. Geziemt sich das für einen so alten Kerl wie mich? Vielleicht liegt es daran, daß ich mich schon ein Zeitchen lang mit einem gewissen Behagen aus-

schließe, wenn Pläne gemacht werden. Zumindest bei Plänen, die über das Jahr Zweitausend hinausgehen, winke ich ab. Für die Jüngeren sind politische und wirtschaftliche Voraussagen ein Anlaß, sich vorzufreuen oder etwas von der Zukunft zu erwarten. Die Kleinen Leute in den kleinen Städten, deren Gehör vom Verkehrslärm zerschrämmt ist, hoffen, daß ihr Leben lärmloser verlaufen wird. Man verheißt ihnen in fünf Jahren eine *Umgehungsstraße*, auch wenn sich die Frist, die man ihnen einsagte, um drei Jahre verlängert. Und dann ist sie da, die Umgehungsstraße, der Lärm in der Innenstadt ist geringer geworden, aber jetzt kommt er aus der Luft, weil in der Nähe ein Flugplatz gebaut wurde, ein Militärflugplatz womöglich. Sie protestieren gegen den Lärm, den die Militärflieger bei ihren Niedrigflügen in die Stadt schütten, und es wird ihnen zugesichert, man werde sie nur jeden zweiten Tag mit Niedrigflügen belästigen, und sie hoffen weiter auf den Fortschritt. Aber es gibt keinen in dieser Richtung, doch wer hört auf mich her, wenn ich sage, was ich für den Fortschritt halte, ich, der abgeschriebene Alte?

Doch ich wollt von meinem Heimweh reden. Es traf mich heute morgen, traf mich wie ein Blitz, als ich den Pferden Hafer in die Krippen schüttete, bevor sie auf die Weide gehen. Es fiel mir ein, daß wir daheim auf der Heide sagten: Ich geh die Pferde schütten. Grammatikalisch falsch, denn es muß heißen: Ich geh den Pferden Futter einschütten. Aber wir sind Halbsorben, und wir werden es bleiben, ich jedenfalls bis an mein Ende. Noch immer verwechsle ich beim schnellen Sprechen *mir* und *mich*, und wenn ich schreibe, muß ich deklinieren und abzählen, und selbst dann wirds manchmal noch falsch. Den Unterschied zwischen *dasselbe* und *das gleiche* muß ich bei Eva erfragen gehen. Was hilfts, der Satz: Ich geh die Pferde schütten, entzündete heute morgen mein Heimweh.

Es gibt in meinem Heimatdorf kein Pferd mehr. Die Dorfstraße, auf der früher der Heidesand aufmülmte, wenn man sie mit dem Fuhrwerk befuhr, ist mit Würfelsteinen gepflastert, und die Feldblumen an ihren Rändern hat man mit einem Bürgersteig getötet, um die Menschen vor den Autos zu schützen. Vieles, vieles im Dorf wurde zugunsten des äußerlichen Fortschritts verändert. Menschen, die aus anderen Dörfern, aus Dörfern, die näher an Fabrikstädten lagen, kamen, schubsten die Leute in meinem Dorfe, ihr habt ja noch nicht einmal eine Wasserleitung. Das wär mir eine Scheuße. Oder man sagte meinen Leuten, ihr habt ja noch nicht einmal eine *Schüssel* an der Hauswand, wie wollt ihr da einwandfrei in die Ferne sehen. Und siehe, man *beschüsselte* die Häuser. Und so eins beim andern. Mein Großvater und der alte Schuster-Paule würden sich mit den Verhältnissen im Dorfe nicht mehr zurechtfinden, sie könnten nicht mehr leben, sie sind rechtzeitig gestorben, jetzt gehöre ich zu denen, die da meinen, dies und das, was als *fortschrittlich* bezeichnet wird, sei überdrauf, und ich bräuchte es nicht. Schon habe ich meine Schwierigkeiten, einen sogenannten Videorecorder zu bedienen. Es geht in dieser Hinsicht abwärts mit mir, ich bin nicht mehr zu verwenden.

Ists da nicht ein Betrug, wenn Heimweh in mir aufblitzt? Weiß ich nicht, daß ich mich mit meinem Bruder, der noch dort wohnt, nur im Gewächs- oder in seinem Bienenhaus treffen kann, weil ich das Wohnhaus nicht betrete? Ich kann nicht ertragen, wie die ewig alkoholisierte und tobsüchtige Schwägerin den Bruder unflätig beschimpft. Weiß ich nicht, daß ich nur noch ganz wenige Alte aus meiner Zeit dort treffe, die sich nur selten noch an die Vorkommnisse erinnern, mit denen ich über sie sprechen will?

Aber was ist es denn nun, was mich heimzu zieht? Es sind vor allem die Flecke in der Dorfgemarkung, in der noch Bäume stehen, die mich als Kind schon kannten. Sie sind gewachsen, und unter ihnen ist es lauschiger geworden als damals. Es ist das Moor hinterm Dorf, in dem der Sonnentau wächst und still seine Insekten fängt. Es sind die Bruchfelder hinter dem Dorf, die Stellen, die einsanken, nachdem man die Braunkohle erntete, sie leuchteten mir in der Kindheit sand, gelb und wüstig entgegen. Jetzt sind sie heidig geworden, sind von seidigrindigen Birken und Kiefern bestanden. Pilze wachsen zwischen Moos und Heidekraut, Oasen für die Leute aus dem Industriegebiet. Das ist ein *Fortschritt* in meinem Sinne.

Aber wiederum ist es das nicht allein, was mein Heimweh von Zeit zu Zeit schürt. Auch in den jüngeren Leuten ist noch manches vorhanden, was Wohlbefinden in mir hervorruft. So viele Phrasen sie sich auch aus Fernseh- und Rundfunksendungen aneigneten, um *modern* zu sein, der Tonfall, in dem sie reden, ist nicht abzutöten. Dieser Tonfall, der aus dem Sorbischen, aus dem Slawischen, herüberweht, sie wissen es nicht, und sie wollen es nicht wahrhaben, wenn man es ihnen sagt. Selbst wenn zwei junge Frauen sich belanglos über etwas unterhalten, entsteht Seligkeit in mir, der Geruch verwelkender Stauden lebt in mir auf. Wenn wir im Herbst die Kartoffeln hackten, ich zwischen den Weibern und als Belohnung ein Streicheln von einer rissigen Bauernhand, ein Streicheln über meinen Handrücken. Und die alten Lieder stehen auf, die heute nicht mehr gesungen werden. Die Äcker, auf denen wir damals schafften, sind heute verwaist, man weiß kaum noch, wem sie gehören, Fremde, sehr Fremde, erheben Anspruch auf sie. Die Söhne und die Enkel der alten Häusler und Kossäten nennen sich arbeitslos und gehen achtlos vorüber, wo wir uns früher um jede einzelne Pflanze sorgten.

Haltet mich für *reaktionär*, haltet mich für rückschrittlich, aber ich sage, es könnte eine Zeit kommen, in der wir wieder auf die alten Äcker und Felder angewiesen sind. Die Erde hält sich jedenfalls bereit, wie in manchen Notzeiten, die gewesen sind, uns herkömmlich zu ernähren, wer weiß, wie lange sie noch wachsen kann, diese Üppigkeit allenthalben. Aber da ist noch etwas anderes, was mein Heimweh erklärt, berechtigt sein läßt. Ich habe über die Zeiten geschrieben, die ich in der Heimat verbrachte, und die Zeiten, die längst vorüber sind und von ganz anderen Zeiten ersetzt zu sein scheinen. Ich schrieb ganz für mich und zu meinem Troste, ich fing damit an, als man mir Schwierigkeiten machte, das Manuskript eines Romans drucken zu lassen, als man das Manuskript dieses Romans von Parteibüro zu Parteibüro schob, bis nach Moskau hin, als man mich zum Bittsteller machte, als man mich erniedrigte und mich seelisch quälte bis in die Träume hinein.

In den Büchern der Weisheit wird mir gesagt: was beschäftigst du dich mit deiner Vergangenheit, sie ist vergangener als vergangen, richte dich nach vorn. Ich habe den weisen Ratschlägen zuwidergehandelt. Ich verhielt mich wie mein Stiefonkel Phile, der von Kindheit an die Lügen liebte, dem man sagte, wo er auch hinkam, Mensch, schwindle nicht so viel, und der es doch immer wieder tat. So ich, der es nicht lassen konnte, über vergangene Zeiten zu schreiben, die ich in der Heimat verbrachte. Allerdings verklärte ich sie nicht, ließ nicht aus, was in diesen Zeiten schlecht war, denn auch das hatte nachträglich seine Poesie für mich, und ich schrieb von den schönen Stunden damals, schrieb von den Stunden und Tagen, die poetisch waren, ohne daß ich wußte, daß sie es waren. Als ich den Begriff Poesie nur im Zusammenhang mit den Poesiebüchern kannte, die wir besaßen und gegeneinander austauschten, und in die wir abgewetzte Sprüchlein schrieben: Ich lag im Garten und schlief, da kam ein Engel und rief, Esau du sollst aufstehn und zu deinem Freunde gehn. Dieses wünscht dein Freund Alfred. Oder: Lebe glücklich, lebe froh, wie der Mops im Haferstroh.

Schließlich kam der erste Band meiner Kindheitserinnerungen gedruckt unter die Leute. Ich hielt den Atem an: Würden sie sie lesen? Wie schrieben doch die weisen Männer: die Vergangenheit ist wertlos, für nichts mehr verwendbar. Also würden die Leute Aufzeichnungen aus meiner Vergangenheit wohl kaum lesen. Das Gegenteil trat ein. Sie lasen, begierig möcht ich sagen, wenn dieses Protzwort erlaubt ist. Zweihundertzwanzigtausend Exemplare wurden auf *Anhieb* verkauft, und es ging immer weiter. Leute in meiner Heimat sagten, das Buch wird nich sere gekooft wern, was doa drinne steht, verstehn bloß wir. Aber man las das Buch in Österreich, man las es in der Schweiz, und man teilte mir in Briefen mit, daß man sehr wohl verstünde. Wie war das nun mit den Warnungen der Weisen? Hatten sie wie die strengen Wissenschaftler die Schwingungen der Poesie unberücksichtigt gelassen, als sie sich über die Nutzlosigkeit der Vergangenheit äußerten? Schließlich schrieb ich ein zweites und ein drittes Buch über mein vergangenes Leben. Ich konnte wie mein Onkel Phile das Lügen, das Erzählen nicht lassen. Das zweite Buch schrieb ich schon nicht mehr, weil ich mich über die hinterhältige literarische Zensur in einem Ländchen trösten wollte, das es schon nicht mehr gibt. Das zweite Buch meiner frühen Vergangenheit behandelte mein Leben als Schüler. Ich beschrieb die Merkwürdigkeiten einer Kleinstadt, die sich in dieser Zeit in meinem Gedächtnis einnisteten. Und schließlich war dann doch wieder etwas, über das ich mich hinwegtrösten mußte und wollte. Ich entzweite mich mit dem Lehrsystem, mit dem ich auf der *hochen* Schule gehobelt wurde. Wer sollte das verstehen? Die wenigen Leute, die damals ein Augenmerk auf mich und mein Leben hatten, wähnten mich auf dem Wege zu einer Universität, auf dem Wege zu einem Studium. Dieser Lebensweg von höheren Schülern höherer Schulen war üblich und verfestigt. Ich für meinen Teil brach aus, wegen son Mädel nu, klagten die, die meine Gründe ein wenig näher zu kennen glaubten. Wenn mir recht ist, glaubte ich damals selber, die Ursache meines Ausbruchs in einer verbohrten Liebelei zu sehen. Heute meine ich, daß ich damals meinem Instinkt gehorchte, dem ich, wie in meinem ganzen Leben, verbundener und zugetaner war als jener Lebenshaltung, die Vernunft genannt wird. Und die Vernunft ist mir bis heute anzweifelbar und verdächtig. Vernünftig wäre gewesen, meine Vergangenheit ruhen zu lassen, sich allerhöchst ein wenig lustig über sie zu machen, sie mit dem Stempel *Nostalgie* zu versehen. Vernünftig wäre gewesen, mich dem Fortschritt in der Literatur zuzuwenden, aber den sah ich nicht, dazu war ich zu alt. Wieviel Versuche, *fortschrittlicher* zu schreiben, hab ich erlebt, sogar probiert. Nur wenige Wendungen von dem Bemühen, fortschrittlich zu schreiben, flossen schließlich in den breiten Strom ein, in dem Literatur von einem Jahrhundert ins andere fließt.

Letzten Herbst trieb mich das Heimweh wieder nach Hause. Ich habe zwei Zuhause, eines hier in den Wäldern, wo die Menschen wohnen, die mir die liebsten auf Erden sind, und das andere Zuhause in der Heide, wo die Vorfahren, die mich zeugten, auf dem heidigen Friedhof liegen, als ob sie tief in die Erde hineinlauschten, das zweite Zuhause also, das einmal das erste war, dem ich mich entzog und das sich mir entzog, in das ich mich aber wieder hineinschlich, als ich meine Erlebnisse von damals niederschrieb und sie veröffentlichte, und die viele Leute lesen. Sie nähren mich, und sie sind mein jetziges Auskommen. Ich nähre mich nicht mehr von den Feldern der Heimat, sondern von der Poesie, die die alte Heimat in mir entfacht. Ist das nicht erstaunlich und wie ein Wunder, zumindest etwas noch Ungeklärtes? Und wie wohl erklären die Weisen diese Tatsache, die davon abraten, sich auch nur mit einem Gran gelebten Lebens zu befassen?

Weshalb soll ich mir versagen, an den milden Abenden eines Oktobers in der Gražina, einer Gemarkung hinter dem Heimatdorf, den tanzenden Glühwürmern zuzusehen und mir Musik anzuhören, die aus dem Kosmos auf mich eindringt? Weshalb soll ich mir versagen, mit den frisch herabgefallenen Kastanien zu reden, die auf den Weg gefallen sind und aus ihren stachligen Behältern drängen. Weshalb soll ich mir versagen, sie scheckige Kälbchen zu nennen, weil sie mich an meine Schwester erinnern, die fest daran glaubte, daß sie verzauberte Kälber seien.

Weshalb soll ich mir versagen, von Zeit zu Zeit Heimweh zu haben?

(27.7.93.) Jetzt wieder zu der Zeit vor jenem letzten Herbst in meinem Unfall- und Geburtstagsjahr zurück, dem Jahre Zweiundneunzig. In Telefongesprächen und Briefen dringt

man auf mich ein: wir möchten etwas über Sie bringen, wann dürfen wir kommen, Sie haben demnächst achtzigsten Geburtstag … wir haben den Auftrag … ich *wimmle* ab, verspreche zu überlegen.

Ein Jahr zuvor gab ich ein längeres Fernsehinterview, in das auch Eva mit hineingezogen wurde. Bei der Vorbesprechung ließ ich mich von den gütigen Augen des privaten Fernsehunternehmers betören. (Dieser gütige Blick eines Menschen! Es war das zweite Mal in den letzten Jahren, daß ich mich da verschätzte. Entdeckt man, wenn man alt und älter wird, mehr Güte bei Mitmenschen, als vorhanden ist?) Jener Kleinunternehmer kam nicht einmal von der Seite, die wir immer noch das *Drüben* nennen. Zuerst war nicht zu erkennen, daß sich dieser Mann bereits die Art und Weise poesieloser Befrager von Künstlern abgelauscht hatte, wie sie ein wenig westlicher gehandhabt wird. Das gilt freilich nicht für alle Fernseh-, Rundfunk- oder Zeitungsleute von *dorther*, die etwas von und über Künstler erfahren wollen und sie deshalb befragen.

Dieser Mann nun hatte wenig Gespür für poetische Anliegen, wie sich herausstellte. Sein Fernsehinterview artete an manchen Stellen zu einer politisch peinlichen Befragung aus. Man gewann den Eindruck, daß der Mann mit den güteverstrahlenden Augen in seinem bisherigen Leben zu kurz gekommen war. Er unterstellte leise, daß ich vielleicht doch bei den *Mächtigen* des vergangenen Ländchens um meine *Nationalpreise* gebuhlt hätte. Ich erkläre ihm, wie ich zu den Preisen kam und daß der Druck meiner Leser auf die Preisverleiher nicht unerheblich war. Aber da red ich zu einem Tauben, oder so gut wie. Er hat nichts von mir gelesen, er hat kein Gespür für Poesie, wie schon gesagt. Es geht ihm hauptsächlich darum, zu erfahren, wie sehr mich der Niedergang des Sozialismus in den Ostländern bedrückt und traurig macht, wenn mir dieser Sozialismus doch am Herzen lag. Ja, das ist richtig, sage ich ihm, ich könne ihm auch die Zahl der Jahre nennen, in denen das so war. Aus meinen Tagebuch-Aufzeichnungen

Die Lage in den Lüften müsse er doch wissen, von welchen Jahren an ich schon mißtrauisch gegen diese Ideologie und gegen Ideologien überhaupt war und in welchem Jahr ich mit der Ideologie brach, die von Rußland zu uns herüberkam. Er hatte das Buch nicht gelesen.

Natürlich war ich nur halbzufrieden mit dem, was bei diesem Fernsehinterview herauskam. Stellenweis wirken meine Antworten, als würde ich mich für mein Leben und Dasein entschuldigen, für meinen Lebensweg, der vom Geistigen her Kurven aufweist. Ich muß mich erst daran gewöhnen, daß die Lebensläufe Kleiner Leute, besonders wenn sie politische Kurven enthalten, immer von denen beurteilt und verurteilt werden, die sich vorübergehend als Sieger betrachten.

Nun also kamen Briefe, Briefe und Telefonanrufe mit Bitten um Interviews. Ich raffe Argumente für eine Ablehnung zusammen. Aber Sie werden doch achtzig, das wird man doch nicht alle Tage, ihre Bücher sind doch in viele Sprachen übersetzt, da kann man doch nicht tun, als seien Sie gar nicht da. Lassen Sie uns doch gratulieren, lassen Sie uns den Leuten etwas über Sie sagen.

Man kann auch zum Geburtstag Schlechtes über den Jubilar sagen. Da habe ich Erfahrungen. Bei einer großen Frankfurter Zeitung gibt es eine Journalistin, die früher hier in unserem Ländchen lebte, dann ging sie fort. Ich habe sie nie gesehen, ich hatte nie eine Auseinandersetzung mit ihr, ich weiß nicht, weshalb sie mich haßt. Aber bei jedem Geburtstag, den man einen runden Geburtstag nennt, kippte sie rüchige Kübel über mich aus, so auch über alle meine Bücher, wenn sie erschienen.

Nun also mein Achtzigster. Und immer mehr Bitten von Journalisten um Interviews. Ich beriet mit Eva wie immer, soll man, soll man nicht, aber wir steckten noch in der Zeit, in der man hauptsächlich von *drüben* hören konnte, daß es hier in unserem Ländchen so gut wie keine Literatur gegeben habe. Eva und ich konnten zwar auf Stöße von Briefen von *drüben* verweisen, von Leuten, die uns gelesen hatten, obwohl wir dort auf der Mistzellerliste standen. Vielleicht wars ganz gut, sich diesen Leuten jetzt, da man achtzig Jahre alt war, zu zeigen?

Aber sogleich tauchte die Frage auf, tust du es nicht aus Eitelkeit? Eva ging es vor allem darum, daß ein Teil der *Kulturjournalisten* nur auf Oberflächen aus sind, ohne in die Tiefe zu gehen, ohne zu zeigen, daß sie ein Werk wirklich anrührte, selbst wenn das der Fall gewesen sein sollte. Vielleicht fürchten sie die ätzenden Urteile der Kollegen, wenn sie sich Gefühle leisten.

Schließlich bewog ich mich, Rede und Antwort zu stehen, ohne meiner Eitelkeit die Schleusen zu ziehen. Ich sagte mir: mit achtzig Jahren solltest du ihr nicht mehr ausgeliefert sein … Aber sie verläßt einen wohl nur nach dem letzten Schnaufer wie der Floh den toten Hund.

(Diktat vom 29. Juli 93.) Wolle mer se roilasse, heißt es bei den Karnevalsgesellschaften. Wir ließen sie rein. Mindestens dreißig verschiedene Befrager und Ausfrager fuhren in unser Wiesental ein. Den Autos waren die Absichten ihrer Insassen nicht anzukennen.

Der Trockenrasen unterm kleinen Friedhof zeigte schon seine Grasnelken, seine blauen Sandknöpfchen, Labkraut, Turmkraut und Waldlöwenzahn. Für die Fremden waren das bunte Blümchen, wenn sie sie überhaupt sahen. Die Tannen am Tor des Friedenshofes standen stumm. Sie sahen die Leute des Vorwerks, wenn sie Heu auf den Wiesen machten, wenn sie hochzeiteten, wenn die Liebespaare, die sich zu Hause noch nicht mausig machen durften, unter ihnen liebsterten. Särge, braune, schwarze und weiße, sind unterm Schirm und Schutz dieser Tannen hügelaufwärts auf den Hof des Friedens geschleppt worden. Sie haben die Leichenreden verschiedener Pastoren mit ihrem Säuseln umsäumt und sich zum Weinen der Leidtragenden verständnislos geschüttelt.

Die Befrager, Männer, auch Frauen, fuhren auf den Hof,

Neugier auf beiden Seiten, Neugier bei mir, werden sie sympathisch sein und einigermaßen intelligent fragen? Neugier bei den Befragern, wie sieht der Alte aus? Ich bin ihnen als knurrig und nicht sehr auskunftsfreudig geschildert worden, nicht *kommunikativ*, zeitgemäß ausgedrückt. Fotografen und Kameraleute waren an ihrem Umherblicken zu erkennen, sie suchten nach Ecken und Winkeln, in die sie mich hineinstellen konnten, sie sahen den *dekorativ geschecktten* Dalmatinerhund und erwogen sogleich, wie sie uns zusammen auf ein Foto kriegen. Wenn sie die beiden Islandpferde in der kleinen Hofkoppel sahen, konnte ich darauf warten, daß sie alsbald fragten, ob sie mich zu Pferde aufnehmen könnten. Wär doch schön, ein Achtzigjähriger zu Pferde! Vielleicht kennt einer das Foto vom zweiundachtzigjährigen Tolstoi auf einem alten routinierten Reitpferd mitten in einem Kornfeld. Könnten wir doch auch machen, wär doch mal was anderes.

Und dann wälzen sie sich aus den Autos. Zu manchem Befrager gehört eine ganze Mannschaft, Kameraleute, Tontechniker. Unser Hof gibt sich alle Mühe, mit den fremden Leuten fertig zu werden. Er versagt sich ihnen nicht, er schmeißt sich aber auch nicht ran. Die erste Frage in der Regel: ist der Hund bissig? Dahinter versteckt sich vielleicht die Frage, ob ich bissig sei.

Bewirtung, gemeinsames Kaffeetrinken vor der Arbeit. Die kluge Eva, deren scharfen Blicken Schwächen und Stärken fremder Menschen selten entgehen, schenkt ein, bietet an, bewirtet und befragt. Ich krieg ein schlechtes Gewissen. Es sind ja Leute, die meinetwegen kommen. Ich war einmal Café-Kellner, da bediente ich die Gäste wie früher daheim die Kunden im Laden. Jetzt will sich mir das Bewirten nicht und nicht mehr von der Hand, besonders, wenn Frauen Bewirtung von mir erwarten, neugierige Leserinnen, denen man ansieht, daß sie sich innerlich vor Wollust schütteln, wenn der Mann, dessen Bücher sie gelesen haben, sie, von der Konvention gezwungen, bedienen muß.

Die Fotografen und Filmer fangen mich an zu triezen, ziehen Vorhänge auf oder zu, möchten, daß ich wenigstens einmal voll lache, versuchen es mit Witzchen, über die ich ehestens weinen kann, sie schleichen ums Haus, durch den Garten und in die Wiesen. Sie suchen nach einem Stück Landschaft, in das ich passe oder das zu mir paßt.

Die erste Befragerin ist eine kleine blonde, ansehnliche Frau, bescheiden und gefühlvoll. Sie bringt ein unsichtbares Empfehlungsschreiben mit: Ich kenne ihren Vater. Die Tatsache duckt meine Vorurteile. Sie kommt mit dem üblichen Gespann von Filmleuten. Der Film wird der gültigste aus unserer Welt hier draußen. Er läuft im Laufe des letzten Jahres mehrmals über die *Bildschirme* verschiedener Sender. Der Kameramann weiß was mit der hiesigen Landschaft anzufangen, nur mit einer Sequenz, zu der ich mich verleiten ließ, bin ich nicht zufrieden. Meine sonst gemäßigte Eitelkeit blüht auf, die Sequenz zeigt mich von hinten, wie ich in eine Wiese hineingehe, und zeigt mir, wie altersschwach und klapprig ich schon bin und wie weit die Zeit hinter mir liegt, da ich arabische Hengste einritt. Die Scabiosen, das Leinkraut und die Luzernen lassen den alten Tapel (so nennt man Männer meines Alters) großmütig passieren und weichen nicht vor meinem schlotternden Gang zurück. Eine der Tröstungen, die ich hier draußen in den Wäldern habe: noch immer singt die Amsel, und die erste Brut ausgeflogener Jungschwalben veranstaltet Probesitzen auf den Telefondrähten.

Der nächste Befrager kommt von einer Zeitung, ein wohlproportionierter Mann mit einem angegrauten Dreitagebart. Er guckt aus dem Bart wie aus einem Gestrüpp und hat ein merkwürdiges Gehabe. Er stellt ein kleines Tonbandgerät auf, und ich stelle mein kleines Tonbandgerät daneben. Es sieht mich ein wenig ratlos an. Es ist gewohnt, Romanteile einzubändern, die ich aus dem Kosmos oder sonstwoher herbeilocke. Jetzt mißbrauche ich es, zu protokollieren. Schon nach fünf Minuten Interview scheint es zu verstehen, was ich von ihm will. So ein kleiner Protokollant spielt zuweilen eine wichtige Rolle, wenn nachher in der Zeitung steht, was ich nicht gesagt habe. Der Befrager sieht auf mein Taschengerät, wie man auf ein Kind sieht, das einem Gespräch von Erwachsenen zuhört, nicht geheuer! Der Interviewer stellt Fragen, die er wohl für provokant hält, denn bevor ich antworte, duckt er sich, als ob er Schläge fürchtet, und er wendet sich ab und erwartet mit halboffenem Mund und einem Verlegenheitsgrinsen meine Antwort. Wenn meine Antwort kommt, atmet er erleichtert auf, als sei alles noch einmal gut gegangen.

Der Fotograf, der mich nicht besonders traktiert, nickt mit der Haltung eines neugierigen Schuljungen beifällig, wenn meine Antworten auf die Fragen des Interviewers seine Ansichten treffen.

Ach ja, gute Fotografen schätze ich. Manche Fotos enthalten ganze Geschichten. Man braucht sie nur nachzuerzählen. Obwohl ich mich mit einiger Ausschließlichkeit mit dem Schreiben und immer wieder mit dem Schreiben beschäftigte, ließ ich nicht aus, mich mit der Fotografie und der Schmalfilmerei abzugeben. Ich wünschte ernsthaft, es darin zu einiger Fertigkeit zu bringen, und war so naiv wie die meisten Kleinen Leute, die da meinen, man könne Meisterschaft mit der linken Hand erreichen.

(Diktat vom 1. August 93.) Mir kommt vor, als wären Interviews zu Jubiläen schon zu einem Schema erstarrt. Ich meine Jubiläen von Leuten, deren absonderliche Tätigkeiten Leistungen genannt werden. Diese Muster und Schemata werden von den meisten Regisseuren und Kameraleuten benutzt. Im Kriege konnte man an der Karelischen Front erkennen, wo ein Posten postiert war, weil ein Turm aus Mükken an seinem Stahlhelm zugange war. Ein ähnliches Gewimmel, von Gedanken und Absichten, meine ich über den Köpfen von Leuten schwirren zu sehen, die etwas mit mir vorhaben, mich zu interviewen zum Beispiel. Wenn man solche Leute darauf hinweist, daß sie nur ein vorgeprägtes Muster erfüllen, daß sie Fragen stellen, die Interviewerkollegen zwei Tage vorher

schon gestellt haben, so ist nicht mit ihnen zu reden. Sie behaupten, die Leser, die Zuseher verlangen, was sie machen, seien darauf sozusagen abonniert.

Ich soll auf dem Vorderhof unter der Hängebirke etwas aus meinem Buch laut vorlesen, ein, zwei Absätze, bitte, bitte. Seufzend ergebe ich mich, setze mich zurecht, überfliege den Text, den ich lesen soll, noch einmal stumm. Der Kameramann und sein Assistent richten ihre Apparatur auf mich ein, messen die Stärke des Birkenschattens. Sie treiben mit Hilfe von Pappstücken, die auf Stangen genagelt und mit Silberfolie beklebt sind, etwas Licht in den Schatten unter der Birke. Der Tonmeister klammert ein kleines Mikrofon in meinen Hemdausschnitt, zieht mir einen dünnen Draht zwischen Haut und Hemd und Hosenbein hindurch und verlangt einen Probesatz von mir. Ich sage: auf der Banke sitzt ein Greis, der sich nicht zu helfen weiß. Der Tonmeister ruckelt noch einmal am Mikrofon und bittet mich, die Tonstärke des eben herausgelassenen Probesatzes nach Möglichkeit einzuhalten. Ich denke an den letzten Satz des Otto-Reuter-Couplets: Und nu jeht es ran, jetzt fang mer jleich an ... Das leise Rascheln der Birkenblätter ist wie ein Gruß aus dem Leben, das ich sonst führe. In diesem Augenblick springt drüben beim Pastor, der sich einen Brunnen bohren läßt, der Motor des Bohrzeuges an. Der Kameramann sieht den Tonmeister an, der Tonmeister stöhnt, der Interviewmeister wird nervös. Ich sage, es kann ja sein, daß es wieder einmal aufhört, und ich mache damit die Mannschaft noch nervöser. Der Kameramann geht hinüber aufs Nachbargrundstück und bittet, den Motor des Bohrgeräts für kurze Zeit abzustellen. Es ist nur der Pastor am Ort. Die Brunnenbohrer sind für eine Stunde davon. Der Pastor ist hilflos. Er kann den Motor nicht abstellen.

Das, was wir Zeit nennen, vergeht, das Wasser im kleinen Rhin rinnt dem Köpernitzer See zu, junge Rotfederfische und einige kräftige Aale benutzen die Kraft des dahinstrebenden Wassers, sich ihr Leben zu erleichtern, sie entfliehen den hiesigen Anglern und treiben, ohne daß sie es wissen, in die Bereiche der Rheinsberger Angler und, wenn nicht dort, dann in Zippelsförde in ihren Tod, allwie wir Menschen, die wir immerzu auf Lebenserleichterung aus sind, so, als ob wir es nicht wüßten, unserem Tode zutreiben. Am liebsten würde ich über diese Gedanken ins Mikrofon hineinsprechen, aber drüben läuft auf dem Gelände des Pastors der Motor und unterbindet es. Der Pastor braucht Grundwasser.

Der nächste Befrager soll etwas für den Rundfunk mit mir machen. Er ist studierter Historiker. Seine Fragen verraten, daß er meine literarischen Arbeiten nicht kennt. Ich werde ungehalten. Er wird verlegen. Er will gehen. Mir wird zumute wie früher, wenn ich Bettler abwies, aber da war ich dem Kosmos gegenüber entschuldigt. Sie wollten Geld von mir, und ich hatte keins. Aber jetzt hatte ich vielleicht doch etwas, was ich dem Ausfrager mitgeben konnte. Er setzt sich wieder, wir versuchen es. Schließlich reden wir über das Verlagswesen und den Buchhandel von heute, dann über die aktuelle Lage und die Beeinflussung von Massen, bei Demonstrationen zum Beispiel. Ich erzähle vom siebzehnten Juni neunzehnhundertdreiundfünfzig, und wie die Demonstration der Bauarbeiter damals einen andern Charakter bekam, als sich Leute, die nicht zu den Bauarbeitern gehörten, mit ihren Losungen an die Spitze des Demonstrationszuges setzten, und ich sprach vorsichtig die Vermutung aus, daß sich im Jahre neunundachtzig in Leipzig etwas Ähnliches wiederholte. Ich bemerkte, daß mein Befrager, auch sein Tonmeister, mir zurückhaltend beistimmten. Wieder wurde ich ungehalten, diesmal über mich. Hatte ich mir nicht geschworen, keine Beobachtungen, soweit sie die Politik betrafen, mehr herauszulassen? Ich bin zu alt, ich habe zuviel Vergleichsmöglichkeiten. Es ist dumm, darüber zu reden und den Voraussseher zu spielen.

Mit eins stellt sich heraus, daß der Befrager meinen *Wundertäter zwei* mehrmals gelesen hat, den *Wundertäter zwei* und sonst nichts. Er hat das Buch mitgebracht und wünscht sich ein Autogramm. Der *Wundertäter zwei*, ein mir sehr liebes

Buch, das jedoch weniger Leser fand als die Bände eins und drei, weil gewisse Kenntnisse in Parapsychologie vonnöten sind, um hinter seine tiefere Bedeutung und die Komik zu kommen.

Was soll ich euch sagen, in diesem Augenblick wurde mir der Frager sympathisch, und ich entschuldigte mich bei ihm für meine anfänglichen Grobheiten, und wir trennen uns einvernehmlich. Meine Eitelkeit hatte sich sogleich gerührt und war aufgetaucht, als sich ein Verbündeter für meine Abhandlungen in diesem vielfach unverstandenen Buche einfand. Ach Menschlein, Menschlein, das du wandelst auf Erden!

Der nächste Befrager ist ein Mann aus der Redaktion der *Berliner Morgenpost*, kein überheblicher *Westler*, wie ich leise befürchtete, ein Mann um die fünfzig Jahre alt, still und behutsam und einigermaßen mit meinen Büchern vertraut. Er stellt kein Tonbandgerät auf und macht sich Notizen in Langschrift. Das ist mir sympathisch und erinnert mich an die Zeit, da ich als Zeitungsredakteur selber Leute befragen ging. Aber was mich bei dieser Begegnung besonders leise erfreute, werdet ihr kaum vermuten. Die *Berliner Morgenpost* war es, die mir vor sechzig Jahren, da ich noch als sogenannter *hocher* Schüler in der Kellerwohnung der Baltins saß und Berlin noch nicht kannte, alles näherbrachte, was dort geschah. Sie war die Tageszeitung, durch die ich über die Existenz berühmter Künstler erfuhr, die Tageszeitung, durch die ich auf meine Art am *Berliner Leben* teilnahm. Die Eitelkeit, die in mir aufwucherte, daß nun in dieser Tageszeitung etwas über meine Existenz zu lesen sein würde, war schon kindisch, denn daß diese Tageszeitung in den sechzig Jahren, die vergingen, ihren Charakter mehrmals wechselte, war gewiß. Für mich aber war sie wie eine alte Bekannte, die ihren Lesern nichts Abträgliches von mir auftischen würde. Und so war es auch, und meine Naivität wurde nicht dem journalistischen Zeitgeist zuliebe untergepflügt.

(Diktat vom 3. August 93.) Zwischendrein wird mir bewußt, daß ich den Sommer vernachlässige. Es ist der achtunddreißigste, den ich hier in den Wäldern verlebe. Ein jeder hatte seine Fülle, so oder so. Die vielen Blüten an den Weg- und Feldrändern! Viele von ihnen werden von den Landleuten als Unkräuter bezeichnet. Schon immer habe ich mich gegen diese Bezeichnung gesträubt. Wie kann eine Kornblume in ihrer schlichten Bläue ein Unkraut sein, weil sie die Getreidehalme behindert und ihnen Nährstoffe entzieht? Wie würdest du es finden, wenn ich dich einen Unmenschen nennen würde, weil du den Kälbern die Milch wegtrinkst? frage ich meinen Nachbarn. Der Nachbar wird einen Augenblick nachdenklich, senkt den Kopf und kratzt sich das spitze Kinn. Dann faßt er sich und sagt, das ist etwas anderes. Der Mensch ist der Överste, alles andere ist für ihn da, die Milch schon ganz und gar. Er spielt den Naturbeherrscher, eine Rolle, die ihm eingeredet wurde, eingeredet von Mitmenschen, die wähnen, außerhalb der Natur zu stehen und beauftragt zu sein, sie zu dirigieren. Ein verruchter Standpunkt, dessen bösartige Auswirkungen uns von Jahr zu Jahr sichtbarer und spürbarer werden. Der Anblick und der Umgang mit einer Kornblume erfreut mich ohne Umschweife, das kann ich von Menschen nicht oft behaupten. Bei vielen muß ich lange suchen, bis ich unter all ihren verkrüppelten Gedanken einen finde, an dem ich meine Freude hab.

Der Nachbar geht kopfschüttelnd davon. Er hat mehrmals durchblicken lassen, daß er mich nicht für *normal* hält, ich dächte von hinten nach vorn, und er könne sich nicht denken, daß ich vom Lande stamme, ich, der ich wie Urlauberweiber Loblieder auf Kornblumen singe.

Und was ich sonst noch verpasse, weil ich Leute in meinen Sommer hereinlaß und sie mich ausfragen und mich von ihnen fotografieren lasse! Sonst sehe ich um diese Zeit den Schwalben zu, wenn sie ihre zweite Brut aufziehen, bewundere ihre kleine Schwalbenintelligenz, die die Vogelkundler Instinkt nennen. Ich bewundere, wie sie sich mutig gegen die

Raubvögel stürzen. Die Raubvögel sind eigentlich auf unsere Tauben aus, aber die Schwalben fühlen auch sich gemeint, vor allem ihre zweite Brut, die sich Sommertag nach Sommertag kühner über den Nestrand reckt.

Auch die Schmetterlinge ließ ich unbeobachtet. Sie werden mich nicht vermissen, aber ich vermisse sie. Schmetterlinge, jene Gebilde mit Riesenflügeln und wenig Leib. Sie gehörten schon in meiner Kindheit für mich ins Reich der Engel und Feen, und ich staune jetzt nicht weniger über sie als damals. Raupenliebe auf Flügeln. Wieso haben ausgerechnet die Raupen nicht gewußt, wie sie zueinander kommen sollten, um zu zeugen, weshalb versahen sie ihre Liebesgelüste mit Flügeln? Ich kann es mir immer noch nicht erklären. Aber muß man alles erklären können? Ich erfreu mich an ihrem zarten Buntsein, an ihrem lautlosen Flug, an ihrem Flügelzittern, das sie aussenden, um ihre Liebeslust anzuzeigen, und wie das Männchen das Weibchen treibt, immer höher hinauf in die Lüfte, bis ich sie nicht mehr sehe. Vielleicht sinds besondere Luftströme, die sie aufsuchen, um sich von ihnen treiben zu lassen und zu hochzeiten. Als einer der seltenen Schmetterlinge, die man Schwalbenschwänze nennt, in mein Interview, das man auf dem Hof mit mir machte, hineinflog und weiterflog, sprang ich mitten in einem Satz, den ich sagte, auf und sah dem Schwalbenschwanz nach, bis er verschwunden war, und ich hörte den Großvater sagen: die schönsten Schmetterlinge siehst im August, mußte wissen. Und ich saß hier und frönte meiner Eitelkeit. Sie glimmte, und sie flammt immer wieder auf, sie war wie ein Moorbrand.

Und manche Redakteure wollten ihre Vernehmungen gleich durchs Telefon machen. Es war wie eine Seuche. Und manche sagten, wir können zu Ihrem achtzigsten Geburtstag nicht ohne einen Beitrag über Sie bleiben. In vielen Fällen ging es nicht um mein Werk, sondern ich war in den *Konkurrenzrummel* geraten, und ich konnte mir vorstellen, wie ein Chefredakteur festlegte, über den, der da achtzig wird, müssen wir was bringen, über den, den hier eigentlich niemand kennt, den Achtzigjährigen, der noch einen Roman geschrieben haben soll.

Eine Parte von Ausfragern ist mir besonders lästig, jene, die frech fragt, weshalb ich *hiergeblieben* sei, weshalb ich nicht wenigstens *gegangen* sei, als bemerkbar wurde, daß dieses Staatsschiff untergehen würde, weshalb ich diesen Staat und seine Regierung bis zuletzt unterstützte. Ich hätte ihnen entgegenhalten können, daß in meinen drei letzten Romanen von dem Staat, den sie meinen, nicht die Rede war, aber das war mir zu billig. Ich versuchte ihnen zu erklären, daß ein Schriftsteller, wie ich einer bin, Wurzeln hat und daß, wenn er sie ausrisse, es gleichbedeutend wäre mit seinem literarischen Tod. Sie verstanden nicht oder wollten nicht verstehen oder waren beauftragt, nicht zu verstehen, und sie kamen mit der nächsten Unterstellung, irgendwie müsse der damaligen Regierung, was ich schrieb, doch gefallen haben, weshalb sonst die Auszeichnungen? Und es war ihnen nicht klarzumachen, daß bei den Preisvergaben auch die Leser im Spiele waren und daß den Regierenden diese Art von Menschen nicht gleichgültig sein durfte. Den höchsten Grad von Dummheit erreichte eine Filmreporterin, die für ihren Auftritt erst unsere Diele umbauen ließ. Auch sie warf mir meine literarischen Preise vor. Und als ich sie fragte, ob sie nicht bemerkt hätte, daß auch in etwas westlicheren Gestaden Künstler mit Preisen ausgezeichnet werden, war ihre Antwort: Preise ja, aber nicht unversteuert. Das war also der Deckel auf den Topf. Meine Eitelkeit hatte mich dahin gebracht, mir so etwas Dummes anzuhören.

Ich schlage vor, wir sehen wieder einmal nach Ernstle, und wie es mit ihm weiterging damals. Und bei Ernstle kam ein Zentimeter Leibesumfang zum andern. Er ging umher wie eine Groschensemmel, wenn er seinen Hosenbund schloß. Er war feist und wurde bockslüstern, und er fing an zu streunen. Er fuhr mit dem Geld, das er für die Hochwassergeschädigten von Bangladesch gesammelt hatte, vom Nachbardorf aus in die übernächste Kreisstadt. Ich wunderte mich, daß es Wilhelminele ertrug, wenn er ein oder zwei Nächte nicht heimkam, aber es war nicht das erste Mal. Wilhelminele hatte sich daran gewöhnt. Aber als es wirklich das erste Mal war, als Albert noch mächtiger Bürgermeister im Dorf war, ordnete er eine Art Treibjagd nach Ernstle an. Das Wilhelminele hatte gebarmt, gewiß habe sich der Bua verlaufe, sei am Ende in einen Sumpf hineingestampft und versunke. Als der Bua nach zwei Tagen wieder da war, hätt das Wilhelminele, wenn es gekonnt hätte, am liebsten die Glocken läuten lassen. Aber es gibt selten etwas, was ein anderer aus dem Dorf nicht beobachtet hätte. Aber der Beobachter verlangt Verschwiegenheit von denen, denen ers erzählt, und der, dem es erzählt wurde, verlangt Verschwiegenheit von allen, denen ers weitererzählt, und wie ein Ölfleck im Wasser breitet sich das aus, was man ein Gerücht nennt. In den Zeitungen schreibt man: Gerüchten zufolge hat der oder der ... hier in den Wäldern heißt es: der oder der soll wohl das und das gemacht haben.

(Diktat vom 5. August 93.) Ernstle soll wohl in der Fontanestadt etwas getan haben, was nichts mit Fontane zu tun hat. Er soll wohl das Haus einer Dirne erschnüffelt haben, und er soll wohl dort für einige Mark von den Geldern für Überschwemmungsgeschädigte in Rumänien sich haben lieben lassen. Wers seinen Nachbarn erzählte, tat es mit Augenzwinkern, dem Wilhelminele erzählte man es ohne Augenzwinkern. Es war die Kassiererin vom Demokratischen Frauenverband. Sie trug eine Perücke, aber sonst wäre sie gut zu leide, so das Wilhelminele. Sie klärte die Perückenfrau auf, nein, sie dürfe das nicht glaube, die Partei hätte die Dirnerei im Oschte ein für allemal verbote, außerdem könne sie sich nicht denke, daß ihr Bua, der so fleißig die Bücher von Stalin läse, etwas täte, was die Partei verboten hätte. Mit ihrem Ernstle sprach sie nicht darüber, nein, sie hatte nie über so Ding mit ihm gesprochen. Er war ihr Bua und blieb ihr Bua. Sie konnte sich

nicht vorstellen, daß der nun mehr als reif war und daß den, wie es menschlich ist, Gelüste zwackten.

Und Ernstle ging weiter, geschützt von seinem Mütterle, umher, die Luft aus den Wäldern strich über ihn hin, und er atmete sie ein, die terpentingesättigte Luft, und sie tat ihm wohl, und er gedieh. Er besorgte weiterhin die Botengänge für sein Väterlein, den Bürgermeister, und bezog ein kurzes Gehalt als Gemeindediener. Er stellte sich pünktlich in den Häusern ein, in denen Schlachtfest, Geburtstage oder gar Hochzeiten abgehalten wurden. Er nahm an allen Festessen, die im Dorfe stattfanden, teil, er saß auf der Haustreppe oder auf einer Bank im Hofe, wie die Dorfarmen auf den Gemälden von Breughel, und er hatte einen Holzschieber auf dem Schoß, hatte ein bißchen was von jeder Speise des Festmahls und ließ es sich gutgehn. Das Wilhelminele hielt diese Art, sich zu beköstigen, für unstandesgemäß, während das Väterle Albert der Ansicht war, man muß nehmen, was einem geboten wird.

Der Bauernverlag suchte nach Leuten, die seinen nächstjährigen Kalender bei den Landleuten vertreiben sollten. Des wär was fürs Ernstle, sagte sich das Wilhelminele, als sie das Inserat las. Sie riet dem Ernstle, sich zu melden. Und Ernstle meldete sich. Er hatte eine Handschrift, müßt ihr wissen, die mit der Kaufmannsschrift verschwistert zu sein schien, die hatte er. Sie war übriggeblieben von den vielen Versuchen, das Ernstle zu schulen. Ernstles Schriftfertigkeit bezog sich auch auf das Schreiben von Zahlen und auf das Rechnen. Als ich auf Anraten vom Wilhelminele einige Versuche machte, ihn bei mir zu beschäftigen, schickte er mir je eine Rechnung, berechnete den ortsüblichen Stundenlohn, schrieb nun auch meinen Namen richtig, mit dem gelehrte Leute ihre Schwierigkeiten haben, und vor dem Endbetrag der Rechnung schrieb er wie alte Kaufleute: Summa. Und an den Bauernverlag schrieb er gewiß ... und bin ich in der Lage, Ihren Kalender zu Ihrer vollaufen Zufriedenheit zu vertreiben.

Der Probekalender wurde geschickt, Ernstle las ihn und fand, daß er nicht gegen das Gedankengut der Partei verstieß. Im Sonntagsanzug, ein laubfroschgrünes Hemd unter der Jacke und mit einer schwarzen Aktentasche ging Ernstle auf Tour. Unser Vorwerk und unser Dorf ließ er links liegen. Für uns wäre logisch gewesen, im Dorf und im Vorwerk zu werben, aber Ernstle blieb eben ein Antilogiker.

Von Ernstles Fähigkeit, Leute, von denen er etwas wollte, beharrlich zu belagern, haben wir schon gesprochen. Diese Fähigkeit kam jetzt beim Kalendervertrieb *zum Tragen*, wie sich die Politiker um diese Zeit ausdrückten. Man weiß ja, daß es da Moden gibt, und jetzt, da ich das schreibe, ist bei den Politikern die Wendung *ich gehe davon aus* besonders beliebt.

Ernstle machte seine Runden in den Nachbardörfern. Es war Frühherbst, aber der Sommer schickte wie einen Abschiedsgruß hin und her einen warmen Tag hinein. Unser Ernstle ließ sichs gutsein, er durchschlief, wenn es sein mußte, einen halben Tag im durchwärmten Heidekraut.

Er stieß auf drei Arten von Kunden. Es gab Bauern, die durchblätterten den Probekalender und sagten, es wäre wohl noch ziemlich zeitig im Jahr, aber ganz ohne Kalender ginge es nicht, und Ernstle schrieb ihre Namen in seine Liste, und die Bauern zeichneten gegen und bestätigten mit ihrem Namenszug ihre Bestellung. Das war einfach. Alsdann gabs Bauern, die absolut nicht bereit waren, in einer Jahreszeit, in der es noch kaum Herbstnebel gab, schon einen Kalender für das nächste Jahr zu bestellen. Aber Ernstle ließ sich nicht abweisen. Er blieb sitzen, die Leute beachteten ihn nicht mehr, Ernstle sah zu, wie sich die Stubenfliegen an den Fensterscheiben paarten, die letzte Gelegenheit für sie, dafür zu sorgen, daß ihre Art auch im nächsten Jahr die Futterküchen durchsummte. Da fing Ernstle wieder an zu werben, in dem Kalender gäbe es auch eine Begattungstabelle. Mit einem Rutsch des Zeigefingers könnten die Bauern ermitteln, wann eine Kuh kalben würde, wenn sie sie heute zu einem Bullen brächten.

Trächtigkeitskalender, sagten die Bauern herablassend. Das wäre wohl das mindeste, was sie von einem Bauernkalender verlangen könnten. Wieder eine lange Pause. Ernstle sieht zu, wie die Bäuerin den Abendbrottisch deckt, und sagt nach einer Weile: ein Brot habt ihr, ihr backt wohl noch selber. Keine Antwort. Und Ernstle geht nicht. Nach einer Weile: in seinem Kalender wäre nicht nur vermerkt, wann morgens die Sonne aufginge, sondern auch, wann sie abends unterginge. Ist nicht möglich, sagt die Tochter des Hauses und fängt an, sich über Ernstle lustig zu machen. Aber Ernstle geht nicht. Die Bauern fangen an zu essen.

Meine Eltern laden ein, wenn jemand zu Besuch kommt, sagt Ernstle. Da scheint es den Bauern peinlich zu werden, und die Hausfrau schiebt Ernstle einen Teller hin. Er möge mithalten, aber ein Kalender werde nicht bestellt. Macht nichts, Ernstle ist diese Weise, sich vom Kalendervertrieb zu ernähren, auch recht.

Und es gibt Bauern, die lauern schon auf den Kalender. Sie wollen ihn unbedingt haben. Sie sammeln die Hefte. Und Ernstle, der keineswegs Psychologie studiert hat, erkennt seine Möglichkeit. Er läßt den Bauern seinen Namen in die Bestellliste schreiben und empfiehlt ihm, den Kalender auch gleich zu bezahlen. Vorausbezahlende Kalenderbesteller würde der Verlag bevorzugt beliefern, keine Nachnahmespesen und so, Porto sowieso gratis. Ein rechter Schlingel, dieser Ernstle. Hie und da erpreßt er sich auf seine Weise sogar ein Nachtlager. Er führt seine Angst vor Hunden ins Treffen, um ans Mitleid der Bäuerin zu rühren. Und das ist schon wieder wahr, Hunde sind für Ernstle, was für andere Menschen Tiger und Löwen sind. Wenn ihm auf dem Nachhauseweg ein streunender Hund entgegenkommt, macht Ernstle große Umwege, durchquert Wälder und Gebüsche und verlängert seinen Heimweg um Stunden, und das Wilhelminele bebt daheim und kann nicht schlafen. Es hadert vorsichtig mit dem Eppes, das dem Bua zwar das Kalendervertreiben hat zukommen lassen, aber daß ein bißle Unzuverlässigkeit auch dabei war. Ach, es ahnt nicht, das Wilhelminele, was das Eppes wird noch alles auf sie zukommen lassen, und es hört im Nachtgewand zum Fenster hinaus, und draußen rauscht der hohe Wald. Vielleicht ist das Eppes auch in diesem Rauschen, weiß mans? Das Wilhelminele weiß es nicht. Für sie wohnt das Eppes im Bibelbuch. Sie schlägt es auf und liest darin, bis der Bua mitten in der Nacht heimkommt.

Ich versuche mich zu erinnern, wann ich etwas über meinen Geburtstag erfuhr, das heißt über die jährliche Wiederholung jenes Tages, an dem ich geboren wurde. So behutsam ich in meiner Kindheit umhertaste, es war schon in Bossdom, als ich das erste Mal von der Mutter *Geburtstagskind* genannt wurde, da hatte ich meine Lebenszeit in Grauschteen und an sieben oder acht Lebensjahre schon hinter mir. In jener Zeit stellten sich die Geburtstage für mich überraschend ein, ich lebte noch nicht nach dem Kalender, und mein Geburtstag kam in jenen Jahren so überraschend auf mich zu wie die Schulferien. Frühestens einen Tag vor dem Tag, den die Erwachsenen, vor allem meine Mutter, zu einem Ereignis für mich machten, erfuhr ich von ihm. Die Mutter legte ein freudiges Gesicht an und sagte beiläufig, na, morgen hat ja eener Geburtstag, und die jüngeren Geschwister wollten wissen, wer das sei, und die Mutter sah mich an, und da wußte ich es, und die Geschwister wußten es, und sie wollten sogleich wissen, wann sie denn Geburtstag hätten. Alle befanden sich noch im Zustand der Geburtstagsunschuld. Einmal, erinnere ich mich, ging die Mutter so weit und sagte: dies Joar kriegste was Scheenes, da wirschte dir frein. Und der Vater kriegte von ihr den Familienbefehl, extra bissel Kuchenteeg für den Kranzkuchen mit der Zahl acht einzurühren. Solche Geburtstagsvorversprechen lösten bei mir zum ersten Male das aus, was man als Erwachsener Einschlafstörungen nennt.

Der erste, der mir zu meinen Frühkindheitsgeburtstagen gratulierte, war, wie mir meine Erinnerung jetzt zuflüstert, der Großvater. Er schlurfte in seinen ausgetretenen Stubenpantoffeln aus seiner Bodenstube über den Flur, er entschuldigte sich, weil er mich so früh weckte, meine Schule begann erst am halben Vormittag, aber er wollte mir mit dem zeitigen Wecken een Weilchen längere Freude zum Geburtstage verschaffen. Bleib mir scheene gesund, Jungatzko, sagte er und schob mir einen zerknitterten Markschein in die Hand mit der Bemerkung: doas schpoare dir scheene. Ihm folgte die Anderthalbmeter-Großmutter mit einem Nelkensträußchen, das sie bei Gärtner Kollatsch gekauft hatte. (Da fällt mir übrigens ein, daß wir nie eigene Blumen in unserem viel zu schattigen Hausgarten hatten.) Zu den Blumen schenkte mir die Anderthalbmeter-Großmutter eine mit Glitzerstreusel bestreute Geburtstagskarte aus dem Laden der Mutter. Viel Glück und Segen zum Geburtstage, und auf die Rückseite hatte die Großmutter ihren Glückwunsch an das *Geburtztagskind* gekrakelt. Das deitsche Schreiben fiel der sorbischen Großmutter schwer, und ihre deutschen Buchstaben liefen breit und bedächtig über die Karte.

Mein Geburtstag zwang die Mutter, früher aufzustehen als gewöhnlich. Wenn ich hinunterkam, war der Wohnstubentisch weiß eingedeckt. Unter einem großen Blumenstrauß, in dem Goldlack und Reseda vorherrschten, lag der obligatorische Kranzkuchen mit der Jahreszahl sieben, acht oder neun, das Geschenk vom Vater. Und er reckte mir aus dem Bett seine Bäckerhand mit den kurzen Fingern entgegen, drückte meine Hand flüchtig und wies sogleich darauf hin, was für scheene Geburtstage man heitzutage für Kinder macht. Zu seiner Zeit, als er so alt war wie ich, wären Geburtstage nichts anderes gewesen als alle anderen Tage, höchstens, daß ihm der Stiefvater vom Schneidertisch zugeknurrt hätte, nu biste schon ganz scheene groß und wirscht das Jahr mit Kartoffeln hacken. Meine Mutter wies den Vater zurecht. Es sind eben andere Zeiten nu.

Ich stelle fest, daß ich längst in die Knurrecke meines Vaters gerutscht bin, wenn ich in unserer Zeit nicht richtig finde, daß Eltern ihre Kinder zu Geburtstagen mit Fahrrädern, Motorrädern oder gar Computern beschenken.

Aber zurück zu dem Geschenk, von dem meine Mutter behauptete, daß ich mich darüber freuen würde. Es war eine kleine Kanone aus Blech, gelb das Rohr und blau die Lafette. Man konnte mit einem kleinen Hebel am Ende des Kanonenrohres eine Feder in Spannung bringen, eine Erbse ins Kanonenrohr stopfen und sie in alle Welt hinausschießen. Aber mein Mißfallen an Kanonen muß damals schon vorhanden gewesen sein. Und ich dachte, wunder was ich kriegen werde, sagte ich zur Mutter. Und die Mutter war verstimmt, und sie sagte, dir kann man aber ooch nischt recht machen.

Und so folgte ein Geburtstag dem anderen, und alsbald verbrachte ich sie nicht mehr in der Kindsheimat, sondern da und dort und irgendwo. Manchmal wußte nur ich, daß ich Geburtstag hatte, und ich nahm es mir übel, wenn ich dem Tag, der mich als um ein Jahr älter geworden auswies, auch nur die kleinste Bedeutung beimaß.

Ich hatte es nicht drauf angelegt, aber einmal war es wirklich so, daß ich meinen Geburtstag selber vergaß, und ich hätte vom Philosophischen her glücklich darüber sein müssen, doch ich war so etwas wie erstaunt und schüttelte den Kopf. Aber so ist man nun mal, als Menschlein, das man ist, so oder so und nicht zufrieden. Damals wurde ich meinen Geburtstag erst gewahr, als er seine Mitternacht schon hinter sich hatte, ich erfuhr von ihm in der Fabrik bei der Nachtschicht, wo ich in großen Rührkesseln Viskose, den Grundstoff für Zellwolle, einrührte. Jeder Rührprozeß wurde durch Laufzettel protokolliert, und als ich den Laufzettel ausfüllte, bemerkte ich, daß ich tags zuvor um ein Jahr älter geworden war.

Wenn ich heute von dieser Nebensächlichkeit schreibe, dann um anzudeuten, daß man im Leben mit Ausgleichungen rechnen kann, mit jenen Ausgleichungen, von denen der amerikanische Philosoph Emerson so überzeugt war. Und so gab es auch in meinem Leben einige poetische Geburtstage, mit denen mich Eva beschenkte, Tage, an denen die Poesie schon morgens einzog, wenn ich aus den Fenstern meiner Arbeitsstube einen kleinen Burschen aus dem Wald und schließlich durch den Garten huschen sah, immer drauf bedacht, von mir nicht gesehen zu werden, und ihn deshalb, krumm über einen Strauß blühenden Heidekrauts geduckt, ins Haus rennen sah. Das waren Geburtstage, bei denen die Poesie die Mathematik besiegte. Die Zahl der Jahre und das Jahr, um das ich älter geworden war, wurden von der Liebe, in die ich eingebettet war, beiseite gedrängt.

Ja, das war die Zeit der poetischen Geburtstage, selbst dann aber bemächtigte sich die Öffentlichkeit ihrer, besonders der sogenannten *runden* Geburtstage. Die Leser meiner Bücher, sogar die *Repräsentanten* des jeweiligen Staates, in dem ich lebte, hielten mir eifrig vor, daß mein Alter und meine Klapprigkeit zugenommen hätten, sogar der Präsident scheint da einen Mann zu beschäftigen, der Bescheid gibt: heute hat der oder die siebzigsten oder achtzigsten Geburtstag, und der Präsident wird in meinem Falle zugefragt haben, was hat der Kerl für Verdienste?, und der Geburtstagserinnerer dürfte gesagt haben, er hat Bücher geschrieben, Romane. Aber ich kenne ihn nicht, wird der Präsident gesagt haben. Trotzdem, wird der Erinnerer gesagt haben, der ist bekannt in den neuen Ländern, die sich uns an den Hals geschmissen haben, man sollte ihm unbedingt ein Gratulationsschreiben schicken.

Mit dieser Art amtlicher Ehrungen kriegte ich es zum ersten Mal bei meinem fünfzigsten Geburtstag zu tun, und so ging es weiter. Durch den Pressedienst, einen anderen Geburtstagserinnerer, wurden die Kulturredakteure der Zeitungen und Zeitschriften angestoßen. Und immer diese Wünsche, die sich ähnlich sahen: Und hoffen wir, daß Sie uns noch recht lange erhalten bleiben, um uns mit literarischen Werken zu erfreuen. Arbeitserwartungen also und manche im Ton von Mahnungen für unbezahlte Rechnungen.

Und privat hörte man in Gesprächen, noch ehe ein Geburtstag sich rundete: Ja, für dieses Jahr steht Ihnen noch ein Ereignis ins Haus, das gebührend gefeiert werden muß, denn sechzig (oder siebzig) sind schließlich Lebensjahre, die nicht wiederkehren, aber sie kehrten in ähnlicher Weise wieder. Und nun, in diesem Jahr, von dem ich schreibe, also achtzig.

Aber nun war ich wirklich der Mann geworden, dem eine Jubelfeier, gleich welcher Art, widerstand. Der Unfall im Frühling und die Arbeit am Ende des Romans, sozusagen im Wettlauf mit der modernen Art, Bücher zu drucken, hatten mich geschwächt. Schon seit Monaten lag ein *drittes Bein* im Koffer meines Autos. Eine nicht allzugut überstandene Venenentzündung hatte mir das *dritte Bein* eingebracht. Ich meine den dünnen, schwarzen Gehstock mit der Zwinge aus blinkendem Weißblech, und da wieder meine Eitelkeit: ich meinte, ein dickerer Stock mache mich zu alt, und der dünne Stock mit der blinkenden Zwinge sähe mehr aus wie eine Tändelei.

Wir wohnten, heute darf ich schon *damals* sagen, denn es ist gleich über ein Jahr her, in einer norddeutschen Kleinstadt in einer Wassermühle, die jetzt ein Hotel ist. Man konnte sich vorstellen, wie die alte Mühle geduckt gelauscht haben mochte, als man dieses und jenes Organ, das zu einer Mühle gehört, aus ihr entfernte und daß sie ein bißchen aufgeatmet haben mag, als man ihr Gebälk, ihr Knochengerüst, unangetastet ließ und zum Beispiel Doppelbetten in eine Lücke schob, in der vordem ein Mehlkasten gestanden hatte, oder einen Spiegel in ein Rechteck paßte, das zwei Balken bildeten, um einander zu stützen, und es war so angenehm zu denken, daß das Wasser, es floß die ganze Nacht unterm Hotel hindurch, jenes Fließ war, das einst die Mühle trieb. Vor unsern Fenstern lag als *Anschauungsstück für Binnenländler* ein passables Segelschiff, das zwar nicht davon konnte, aber in der Strömung hin und her pendelte, und sein Deck war wie ein freundliches Gesicht, das zu uns heraufsah. Und dann die Enten ringsumher, Stockenten und hin und wieder eine Möwe, eine unbelehrbare Möwe, die es nicht zu der Erkenntnis gebracht hatte, daß es hier nichts zu holen gab. Ein seltsames Gefühl, über fließendem Wasser einzuschlafen und sich im Vorschlaf vorzustellen, daß ein Teil dieses Wassers, der einen Wasserlebenslauf hinter sich gebracht hatte, nun ein zweites oder drittes Mal mit dem Fließ unter der Mühle oder dem Hotel durch schwimmen könnte.

Ach, der Reiz der Kleinstädte, alles so, wie es sich gehört. Ein Rathaus, eine evangelische und eine katholische Kirche, zwei Buchhandlungen, alles so übersichtlich. Die Läden werden von ihren Besitzern *shops* genannt. Man kriegte Lust zu bleiben und sich in einen Bürger zu verwandeln. Die Läden werden von ihren Besitzern *shops* genannt, damit man nicht in Verdacht gerät, nicht mit der Zeit zu gehen. Und doch ist etwas anders in dieser Kleinstadt als in den Kleinstädten hier bei uns in den Wäldern. Die Luft ist gewichtiger, kommt wassergesättigt vom Meer herein, und dann wieder ein Windstoß, eine Brise, die alles anhebt und leicht und klar macht. An der Luft des ersten Morgens haben wir zu schleppen, und wir sind uns so schwer, und dabei täuschten die Stockenten in der Straße hinter dem Hotel uns vor, daß wir nun endlich über Wasser laufen könnten und daß sich uns ein alter Traum erfülle. Aber die Wasserdecke unter unseren Füßen ist trügerisch, ist so dünn wie Herbsteis, und wir brechen ein, gehen unter und finden uns in einem kleinen Café wieder und bestellen uns Tee. Meine alten Bäckeraugen melden sich und sehen, wie die beiden Töchter des Meisters mit einer kleinen Maschine Luft in die gebackenen Brötchen pumpen, und ich sehe hinter die Kulissen der bürgerlichen Wohlanständigkeit, die mir bis jetzt so hervorstechend begegnete. Eine der adretten Bäckerstöchter stellt uns je ein kleines Öfchen auf den Tisch, und darauf steht das Teekännchen, und was da drin ist, ist Friesentee, und wir werden belehrt, daß Tee nicht gleich Tee ist und daß Friesentee wirklich die Vorzüge und den Duft in sich hat, die man ihm nachsagt. Wir trinken den Tee schlückchenweis wie Medizin, und das Tein und der Teeduft beschwingen unser Generv, und wir gehen auf wie müde

Topfpflanzen nach dem Wasserguß. Wir werden munter und umarmen das Städtchen, und das Städtchen umarmt uns.

Ich lerne an diesem Morgen die Zungenspitzen von fünfzig Menschen kennen, kleine spitze erdbeerrote Zünglein, sodann bräunliche, von denen ich vermute, daß sie fleißig beim Wortemachen helfen, auch wischlappengraue Verleumderzungen und verruchte Zungen, die Männern in die Ohrmuschel fahren und sie schwachmachen. Und die Eislecker ahnen nicht im mindesten, daß sie da wer beobachtet, der sich in den Rassen der Zungen auskennt.

Nun muß ich wohl endlich verlautbaren, weshalb wir hier im Norden sind, in einer der kleinen Städte, die auf der Landkarte wie Tüpfelchen um Hamburg herum verstreut liegen. Ich wollt schon immer mal hierher, mich durchzieht, wie ihr wißt, ein dünnes Rinnsal hamburgischen Geblüts. Aus Hamburg stammt meine Großmutter aus der Vaterlinie, jene Frau, die als *die Amerikanische* in den beiden ersten Bänden des *Ladenromans* auftritt, jene Frau, die auf Hamburg als ihre Geburtsstadt pochte und dafür lebenslang eine Sonderbehandlung verlangte. Allzu züchtig war sie wohl nicht, jene Frau, die es mit fünfzehn Jahren fertigbrachte, sich von einem schwarzwäldischen Geigenbauer begatten zu lassen. Es ist nicht bekannt, daß er im Hause und bei den Eltern, bei Vater und Mutter, verkehrte. Es sieht von weitem jetzt so aus, als hätte sie ihn in einem Winkel der Reeperbahn verführt, um mit ihm, der sich auf der Reise nach Amerika befand, durchzubrennen. Wenn ich mich nicht täusche, so durfte in unserer Familie von der Reeperbahn nie die Rede sein, es sei denn, man bezeichnete sie als Schietsquäär, aber das wars nicht, das hielt mich nicht ab, aus freien Stücken in meiner Erzählung in die Gegend von Hamburg zu springen. Der Grund ist eine Warnung, die mir eine Frau gab, von der ich mächtig was halte. Niemals nur schreiben, sagte sie: dann haben wir dies und dann haben wir das gemacht, und dann sind wir, und dann gingen wir. Das ist der Briefstil von Kleinbürgern und Laien, oder es sind Aufzeichnungen von jemand, der noch nicht gelernt hat, Tagebuch zu schreiben. So, nun wißt ihr es und nichts mehr davon. Deshalb sind wir plötzlich in Worpswede, bei einem Landschafts- und Ortsnamen, der schon Sehnsüchte in mir weckte, als ich noch ein grüner Gymnasiast war. Worpswede, das waren für mich dunkle Moorgräben, einsame Kinder und weiße Ziegen an ihren Ufern, flache Torfkarren und ein Gottesdienst, an dem ich das einzige Mal in meinem Leben inbrünstig teilgenommen hätte, wenn er nicht schon davor geschlossen gewesen wäre, aufgehalten und damit ein wenig ewig gemacht vom Maler Fritz Mackensen. Da ist keinerlei geheuchelte Frömmigkeit in den Bauerngesichtern, und der beleibte Pastor, wie ein Jäger auf dem Hochsitz, ist beschirmt von zwei Birken. Mir ging auf, weshalb die Jäger ihre Hochsitze auch zuweilen Jagdkanzeln nennen.

Worpswede, noch in anderer Weise ein Land des Heiligtums für mich. Hier war auch der verehrte Rilke umhergegangen und hatte die Worpsweder Landschaft von damals in sich aufgenommen und beschrieben, wie sie nie wieder beschrieben werden wird. Allerdings, bei der Schilderung jenes Bildes vom Gottesdienst im Moor ist er, wie mir scheint, in eine etwas journalistische Beschreibung hineingerutscht. Ich verdächtige, er hat da etwas, was der Mackensen aus seinem Malerinstinkt heraus vollbracht hat, zu einer intellektuellen Absicht degradiert.

Ich kann mir vorstellen, mit welcher Abfälligkeit die Moorbauern damals vor Jahrzehnten das Treiben der Malermenschen gesehen haben, wie sie die Schwärmereien dieser Menschen für den Kontrast von weißen Birkenstämmen und schwarzen Moorgräben und schließlich für die Torfbauern und deren Arbeit selbst mit einem leisen Anheben der Augenbrauen vermerkten, ohne sie bei ihrer Wortkargheit mit Spottworten zu belegen. Ich kann mir aber auch vorstellen, daß es bei den Malermenschen schlaflose Nachtstunden gegeben haben mag, in denen sie ihr Hantieren mit dem Pinsel im Vergleich zu der Arbeit der Torfbauern mit Torfhacke und Torfkarren als vermessen und fragwürdig empfanden.

Aber die einen hielten dort durch, und die andern hielten da durch, eben, wo das Leben sie hingetan hatte. Der getrocknete Torf wurde als Feuerung in die Städte gebracht und verbrannt, aber auch die Bilder der Malersleute wurden zunächst in die Städte gebracht. Die Torfstücke blieben nicht, aber die Bilder blieben, und jetzt ist ein Teil dieser Bilder in ein zivilisierteres Worpswede zurückgekehrt, und sie werden als Kunstwerke verehrt, die man gesehen haben muß, und immer mehr Leute kamen und kommen, die die Bilder vom alten Worpswede sehen wollen, Leute, die gleichzeitig ihre Bedürfnisse mitschleppen und Kunstmappen und Kunstpostkarten verlangen, damit sie das, was sie sahen, daheim vorweisen können, Leute, die auch nach ihrem Kaffee und ihren Törtchen verlangen und nach allerlei Andenkenschnickschnack. Der verbrannte Torf der Moorbauern stieg gen Himmel, vermischte sich dort mit Düften und Lüften und treibt im Kosmos umher. Die Bilder der Malermenschen aber blieben hier auf Erden, und sie helfen die These erhärten, daß das, was die Kunst von den wechselnden Lebenszuständen einfing, der Ewigkeit (wenigstens einer kleinen) zugerechnet werden darf. Aber die Worpsweder sind sich nicht ganz sicher, und sie fürchten, die Kunstwerke der einst belächelten Malersleute könnten vielleicht doch nicht haltbar genug sein, und sie meinen die Lebensdauer der Kunstwerke mit chemischen Dünsten in jener Luft, in der vielleicht noch Partikel von umherwanderndem Torfrauch enthalten sind, dauerhafter machen zu müssen. Meinen Aufenthalt im Museum verkürzten sie jedenfalls, und ich halts nicht länger als eine Viertelstunde da drinnen aus. Ich muß hinaus und laß mich von den Worpsweder Winden durchwehen, die über den Heidberg kommen.

Nun ist es der Barkenhof, den ich gern sehen möchte, denn das Bild, das Vogeler von ihm gemalt hat, lebt seit Jahrzehnten mit mir, beschämt laß ich mich als oft gerühmter *kluger Schulzenhofer* nach dorthin fahren. Es ist nicht weit, aber die achtzig Jahre auf meinem Buckel machen sich bemerkbar.

Meine Füße sind schwer, und das bißchen Bergan zum Barkenhof macht sie unwillig, und auch das elegante dritte Bein mit der Silberblechzwinge lindert ihre Unlust nicht.

Ich war auf eine gelinde Enttäuschung gefaßt. Bisher hatte ich nie erlebt, daß ein vor neunzig Jahren gemaltes Gebäude, mit der ihm vom Maler zugestandenen kleinen Landschaft um sich herum, so anzutreffen war, wie ich es in mir trug. Hier nun war es so, ich stellte mich bewußt an dem Punkt auf, an dem der kleine kühne Heinrich Vogeler gestanden haben mußte, als er den Barkenhof malte. Der Barkenhof war, wie ich wußte, im Laufe der Zeit mehrmals nicht als ein Künstlerheim verwendet worden. Hier aber war nun, nach allen Unterbrechungen, eine Stimmung zustande gebracht worden, wie sie vor neunzig Jahren bestanden haben mußte. Das war also möglich, also war Stimmung, die davongeflogen war oder sich aufgelöst hatte, wieder zusammenzuholen. Tränen bedrängten mich ob dieser Erkenntnis, doch ich ließ sie nicht heraus. Damit wir uns recht verstehen: zwar lag nicht mehr der edle Barsoi auf der obersten Stufe der Gartentreppe zu Füßen von Martha Vogeler, zwar waren sie alle nicht mehr da, die Menschen, die nur dazusein schienen, um einen Garten zu beleben, der wiederum vor allem dazusein schien, um eine Konzentration des *Jugendstils* abzugeben. Da sitzen sie noch, die Freundinnen Paula Becker und Clara Westhoff, beide noch fern von den Rilkeschen Absichten, eine von ihnen zu seiner Frau zu machen. Freilich, im Hintergrund steht Modersohn, der später, eifersüchtig auf Paula Becker, von der Westhoff sprechen wird, die mit ihrem Rilkchen an der Hand erschienen wäre. Sie waren alle nicht mehr da, auch der posierend musizierende Vogeler nicht, der sich im Selbstporträt neben einen Lebensbaum gestellt hatte. Alle waren auf und davon und dem entgegengegangen, was Zukunft genannt wird. Von einigen wissen wir, wie diese Zukunft ausgesehen hat. Und die von Vogeler hat mich am meisten angerührt und mir am meisten zu denken gegeben. Ja, hatten denn die Blumen von der Terrassenwand und in den Töpfen auf den

Sockeln keine Individualitäten wie jene Menschen alle? Waren sie dieselben wie vor neunzig Jahren, oder war ich nur nicht fähig, in ihnen Individualitäten zu erkennen, und war ich wieder mal einer Täuschung anheimgefallen, wenn es mir so vorkam, als ob die*selbe* Stimmung nach neunzig Jahren wieder zusammenzutragen und herzustellen sei? Gut also, daß ich meine Tränen über die Entdeckung, die ich gemacht zu haben glaubte, nicht herausließ.

Ein Zeitchen später wird sich erweisen, daß sich Leute wie mein Freund und ich bereitwillig von einer Täuschung in die andere werfen lassen.

Es war Mittag, ein Worpsweder Mittag, vor neunzig Jahren noch wird Torfrauch aus den Schornsteinen der Moorbauernkaten aufgestiegen sein, und es werden nicht Gerüche von allzu vielen verschiedenen Mahlzeiten unterwegs gewesen sein, Geruch von aufgequollener Heidekorngrütze, Dunst von kochender Ziegenmilch im Kampf mit dem Rauch von gekochtem Fisch.

Wir saßen im Wartesaal zweiter Klasse des aufgelassenen Bahnhofs von Worpswede, mein Freund und ich, ein junges Wirtspaar ging gastfreundlich hin und her, Eva war noch nicht bei uns. Ich bins ein Eheleben lang gewöhnt, daß sie irgendwo zurückbleibt, wo etwas *Lyrisches* auf sie gelauert hat, dem sie sich oder das sich ihr nähert, zwei Kastanienbäume zum Beispiel, die einen Winkel beherbergen, in dem sich das ereignet, was wir später in einem ihrer Gedichte wiederfinden. Oder es kann die Sonne sein, dieselbe Sonne, die für uns und ganz Worpswede da ist, aber auf Eva kann sie in einem besonderen Einfallswinkel kommen und ein wunderbares oder wunderliches Wort in ihr erzeugen.

Wir beiden Wartesaalbehocker fanden inzwischen heraus, daß die Ausstattung der Gasträume noch die ist, die Heinrich Vogeler einst entwarf, als der Bahnhof Worpswede gebaut wurde. Und wenns auch nicht mehr dieselben Pinselstriche waren, die Vogeler einst angeordnet hatte, so waren sie doch nachgezogen worden, und alles schien so zu sein wie damals, ihr wißt, wieder eine Täuschung. Aber Menschen wie wir zwei werden in dieser Hinsicht von keinerlei Einsichten befahren, wir sehen, was wir sehen wollen. Wer hat einen Schaden davon? An diesem Tisch, an dem wir sitzen, haben also für uns Vogeler und Rilke, vielleicht auch Mackensen gesessen, wenn sie von Bremen herkamen oder nach Bremen fahren wollten. Und ich bin fest überzeugt, Rilke trug diese Chapelets, mit denen er auf einigen Fotos zu sehen ist, diese gamaschenartigen Wadenumhüllungen. Er hatte sie sich, wenn die Vermutung nicht gar zu wild ist, vom Grafen Thurn und Taxis abgesehen, eigentlich eine Wadenbekleidung für Herrenreiter, denn als Graf trug man keine Langstiefel. Solche Chapelets trug Rilke jedenfalls, als er sich mit einer schon sichtbar schwangeren Clara in Westerwede fotografieren ließ. Da war, wie er schreibt, »zunächst die praktische Durchführung der Heirat, die Einrichtung in dem aller Kultur widerstrebenden Bauernhaus«, in dem er sich ein Zeitchen lang und dann nie wieder wie in einem Ausstattungsladen einem Familienleben anpaßte. Es kleidete ihn nicht. Die Gegend, in der sich das junge Ehepaar Rilke damals fotografieren ließ, war gewiß von Kreuzottern durchschlängelt, und deshalb verständlicherweise die Chapelets. Weshalb sollte er also die Chapelets nicht getragen haben, als er mit uns zusammen im Wartesaal zweiter Klasse auf dem Bahnhof in Worpswede saß? Da ich die Wirkung meiner unverschämten Blicke kenne, wagte ich nicht unter den Tisch zu sehen, sondern begnügte mich, das metallene Kreuz (wars Gold, wars Silber), das er an einer langen Kette zwischen Jacke und Weste trug, mit meiner Bauernglotzäugigkeit zu bestaunen. Weil Mackensen bei uns war, wäre das der rechte Ort gewesen zu erfragen, wie er die etwas mäklige Beschreibung Rilkes vom Gemälde der Bauernpredigt im Moor empfunden hätte. Es kam nicht dazu, weil mir sogleich Rilkes Ausspruch über das aller Kultur widerstrebende Bauernhaus in Westerwede einfiel. Ein bißchen ein österreichischer *Obern* ist der Rilke, dachte ich. Lassen wir es. Ich ging lieber dazu über, ihn zu bewundern. Mein Freund und ich, wir waren damit ausgezeichnet, das Ende und das Hinsterben unseres Tischnachbarn Rilke schon zu kennen. Ein schmerzvoller Tod, vom Blutkrebs ausgelöst, dazu noch durch den Stachel einer Rose, wie Rilke glaubte, niemand wird das vernehmen, ohne gehörig mitzuleiden, aber so zur rechten Zeit, das ist mehr als bewundernswert. Die *Duineser Elegien* waren geschrieben, der Rand war, wie jemand schrieb, erreicht, es hätte weiter nicht gehen können. Sie haben selbst in Ihren Briefen betont, daß es Tage und Stunden gab, in denen Sie den Sinn, den letztlichen Sinn, dieser oder jener Zeile nicht mehr zu erfassen vermochten. Aber ich hör schon auf, Herr Rilke. Ein jedes weitere Wort wird mir von meinen Mitmenschen gewiß als Blasphemie ausgelegt. Sie sehen mich Scheußer hier sitzen, und ich bin achtzig Jahre lang über diese Erde gestolpert und weiß noch immer nicht, ob ich erreichte, was ich bei meiner Individualität hätte erreichen müssen. Soeben ist ein Buch von mir gedruckt worden, und obwohl ich vor einem halben Jahr schwor, das wird nun das letzte gewesen sein, es muß das letzte sein, weiß ich, kaum habe ich mich dreimal gedreht, schon nicht mehr, ob es das letzte war und ob es mich nun nicht in die Altersgeschwätzigkeit hineintreibt, die alles verdirbt, oh, Herr Rilke, Sie wissen, was ich meine.

Er hörte mir schon nicht mehr zu. Der Kneifer, den mein Freund an einer langen schwarzen Schnur um den Hals baumeln hat, schien ihn mehr zu interessieren als mein Geschwätz. Früher nannte man diese Art von Brillen auch Pincenez. Der dänische Dichter Jens Peter Jacobsen, ein einstiges Idol des jungen Rilke, trug so etwas.

Eva kam mit ihrer unsichtbaren lyrischen Beute in den Wartesaal, und wir weihten sie vorsichtig in das Erlebnis ein, das nach Ansicht von uns beiden Phantasten während ihrer Abwesenheit hätte stattgefunden haben können. Sie sah uns an, wie man zwei Jungen ansieht, die auf einer Wiese sitzen und behaupten, sie seien soeben je auf einem Heuschreck geritten. Sie sah uns ein wenig spöttisch an, ihr Spott, das muß ich sagen, ist nie verletzend, aber, wir wissen es, gründlich und unbestechlich. Wir hätten, so ließ sie uns wissen, mit Rilke und Mackensen im Wartesaal eines Bahnhofs gesessen, der um jene Zeit, in der Rilke hier in Chapelets umherging, noch nicht bestand. Rilke sei neunzehnhundert hierhergegangen, die Bahnhofsräume seien zwar nach den Angaben von Vogeler entstanden, aber das war so um das Jahr neunzehnhundertzehn herum.

Wir Träumer waren froh, daß uns das Mittagessen gebracht wurde, und mein Freund schob seinen Zwicker auf die Nase, begutachtete und lobte die grobe Worpsweder Bauernsülze und wechselte zum Kulinarischen über.

Vor fünfundvierzig Jahren erschien mein erstes Buch. Ein Buch ist wie ein dicker Brief, den man in die Welt schickt. Man kriegt Antwortbriefe auf ihn, lobende, kritische Erklärungen, und andre, beschimpfende und ablehnende Briefe. Man kriegt sie zunächst in der Sprache, in der man schreibt. Später, wenn die Bücher übersetzt werden, auch in Fremdsprachen. Am Morgen jenes Tages, von dem ich rede, befrage ich mein Gedächtnis, ob ich je einen Leserbrief aus Cuxhaven bekam. Mein Gedächtnis antwortet vorläufig mit Nein. Alles, was das Gedächtnis hergibt, ist ein wenig vorläufig. Man weiß nie, ob sich das Gedächtnis nicht irgendwo in der Zeit, die hinter uns liegt, mit der Phantasie vermischte und nun Bastarde von Erinnerung und Phantasie über uns bringt wie die Erfahrung, die wir soeben mit dem Bahnhofswartesaal von Worpswede machten. Nein, aus Cuxhaven erhielt ich nie einen Leserbrief. Kann ja sein, daß dort nie jemand ein Buch von mir gelesen hat.

An meinem Geburtstagsmorgen fuhren wir nach Cuxhaven, um ans Meer zu kommen, an die Nordsee, Eva wünschte es sich, um es endlich zu sagen. Jener Freund mit dem Kneifer an der schwarzen Schnur brachte uns dorthin, ein origineller Mensch, dieser Freund, wir lieben originelle Menschen. Als wir ihn zwei Jahre zuvor persönlich kennenlernten, kam er, um uns zum Lesen in seine kleine Stadt abzuholen. Er stieg uns in kurzen Hosen, in einem kurzärmeligen Sporthemd, mit Sportschuhen, einer ärmellosen Lederweste und einem kahlgeschorenen Kopf entgegen. Ein Mann, der das erste halbe Jahrhundert hinter sich hat und der den Sommer lang, wie wir erfuhren, in dieser Bekleidung umhergeht. Er trägt sie auch in seiner Buchhandlung, die mehr eine literarische Beratungsstelle ist, und er trägt sie, das unterstelle ich, damit er sich nicht für seine Funktion als leidenschaftlicher Schiedsrichter umziehen muß, wenn sich Damenmannschaften im Handball bekämpfen. Er ist ein Mensch, den man lieben muß, weil er auch nicht den leisesten Gedanken, den man äußert, übergeht, der unaufdringlich, wie ich es liebe, zu raten versucht, literaturbesessen, theaterbesessen, der zwischen Hamburg, Berlin, Mainz und Parchim umherfährt, um die Regieeinfälle oder Schauspielerleistungen bei Aufführungen von Shakespeares *Romeo und Julia* oder modernen Theaterstücken zu vergleichen. Begnügt euch zunächst mit dieser Beschreibung.

Als wir hin und her zackelten, wo und ob mein achtzigster Geburtstag gefeiert werden sollte, bot er vorsichtig an, uns abzuholen und, soweit es seine Buchhändlerei erlaube, im Norden umherzufahren. Um es gleich zu sagen und um von mir zu sprechen, wo uns der Freund hinfuhr, ob nach Hamburg, ob ins Alte Land, ob an den Rand der Lüneburger Heide, überall fühlte ich mich wohl und angeheimelt. Möglich, daß Partikelchen von Heimatliebe in mir zugange sind, denn in diesen Gegenden lebten einst die Vorfahren meiner Großmutter väterlicherseits und schienen sich wohlgefühlt zu haben.

Wir kamen nach Ratzeburg. Die Straßen, die Hauswände geschmückt, strotzend voll Blumen. An den Rändern der Bürgersteige Rosen in Kübeln. Wenn ich an die Nächte denke: es kann und es darf hier keine Betrunkenen geben. Ratzeburg, gehört es nicht auch zu einem anderen Freund, der jetzt in Berlin lebt, den man früher lobte und schätzte und den man jetzt, nachdem uns der Kanzler mit der Einheit beschenkte, steinigte und peinigte, den man aber, des bin ich sicher, für einige seiner Bücher einst wieder loben wird. Ach, das Leben, mag es leben, man muß, soweit es die Menschen und ihre politischen Versuche, in Gesellschaft zu leben, angeht, mit allem Unmöglichen rechnen. Aber um diese Einsicht zum festen Bestandteil seiner Gedanken zu machen, braucht man wohl an die siebzig Lebensjahre, und bei manchen reichen auch die noch nicht.

Aber nun Cuxhaven. Wir gehen vom Parkplatz zum Deich, ich bleibe zurück und kaufe mir bei einem Straßenhändler einen Ledergürtel. Ob es der Seewind ist, der herankommt, ich fühle mich so ungeschützt um den Bauch herum. Das Meer ist eingekoppelt oder eingedeicht. Um in die *Stierkampfarena* eintreten zu dürfen, muß man bezahlen. Es ist der erste Mißklang, mit dem mich das freie Meer, die freie See, überfällt. In unserem *Arenenaufgang* kassieren zwei Damen aus Leipzig. Der Freund zahlt, ich muß die ganze Zeit List aufwenden, um ihm zuvorzukommen. In den ersten Tagen unserer Bekanntschaft hielt ich ihm die Tür auf. Das war ihm zuwider. Er schloß ein Abkommen mit mir: wer zuerst an der Tür ist, geht zuerst hinein. Ich lauf noch mal hin, wirklich, Leipziger Laute, die Leipziger kassieren das Eintrittsgeld für die Besichtigung des Atlantischen Ozeans. Weiß der Deibel, wie Assoziationen zustande kommen. Ein Lied aus dem Kommersliederbuch für Studenten fällt mir ein: »In der großen Seestadt Leipzig war einst eine Wassersnot, Menschen stürzten ein wohl dreißig, Häuser waren noch mehr tot«.

Der Himmel ist wolkenblau, auch das gibt es. Also ist auch die See wolkenblau. Die Wellen bewegen sich und glitzern ein wenig, so wie sich die Blätter der Birken vor den Fenstern meiner Arbeitsstube bewegen. Ein Zeichen, daß alle Dinge auf Erden verwandt sind, auch wenn die Verwandtschaft noch so klein ist. Auf dem Deich stehen in Abständen Bänke. Wenn man sich draufsetzt, wird einem die Sicht auf die See immer wieder von wandelnden Seebesichtigern verwischt. Auf den Bänken sitzt man, um sich fotografieren zu lassen, damit man daheim später erklären kann: Wir sitzen auf dem Deich, vor uns also die Nordsee, müssen Sie sich vorstellen ... Auf dem Horizont die Schiffe wirken wie auf das wellige Graublau der See geklebt. Man braucht Zeit wie beim Beobachten von Schnecken, um festzustellen, daß sie weiterkommen. Die Urlauber, die sich auf dem wasserlosen Streifen zwischen See und Deich tummeln, scheinen im Meerwind zu frösteln, es ist immerhin der vierzehnte August.

Mir fällt ein, daß ich nicht zum ersten Mal an der Nordsee bin. Damals ließen sie mich ohne Eintrittspreis an sie heran. Es war in Scheveningen in Holland. Der Seesand reichte uns bis an die Knöchel. Wieder ist es Brecht, von dem ich rede. Er trug *Slipper*, er trug um diese Zeit nur noch, was sich bequem an- und ausziehen ließ. Es waren jene *Slipper*, die er auch bei den Theaterproben trug. Er hatte zierliche Füße. Auf der Bühne wurde ein Bauerntanz einstudiert. Brechts Slipper klapperten auf der Stelle, wo er saß, um den Schauspielern den Ländlertakt, den er sich vorstellte, beizubringen. Nun waren diese Slipper voll Seesand, und ich war voller Staunen. Es war der längste Marsch, den er mit mir machte. Seine Spaziergänge in Buckow vom Gartenhaus zum Pavillon waren etwa hundert Meter lang. Wir waren auf der Suche nach einer von Brechts Bekannten, einer Fotografin. Sie wollte Porträts von Brecht machen. Ich wußte nicht, ob ihm an diesen Porträts oder an der Fotografin etwas lag. Alsbald kehrten wir um. Brecht verfluchte den wandernden Sand der Strände und sang ein Loblied auf verläßliche Bergwege.

Die Fotos kamen zustande. Wir warteten im Auto vor dem Haus der Fotografin, bis sie zurückkam. Weiß der Deibel, woher der Brecht an diesem Tage die Geduld nahm. Ich kriegte von der Fotografin die Rolle zugewiesen, die Blickrichtung Brechts für die Porträts zu beeinflussen. Es war wie beim Fotografieren von Pferden, die ein Helfer dem Fotografen in eine vorteilhafte Position bringt.

Es hat sich übrigens gelohnt mit den Fotos von jenem

Tage. Sie gingen um die Welt, und nur ich weiß, daß ich einen kleinen Anteil an dem Foto habe, auf dem Brecht sinnend zu seiner Zigarre hinstiert, als ob deren Rauch ihm die Argumente liefert, zu denen ich ihn provozierte, weil ich wie oft die Gültigkeit seines *Organons* oder seine Bemerkungen über die *Schwierigkeiten beim Schreiben der Wahrheit* anzweifelte.

Wir gingen zu einem der Strandrestaurants. Auf dem Wege dorthin kaufte mein Freund eine bestimmte Zeitung, die in Frankfurt erscheint. Der gute Vogel, dachte ich, das noch zu deinem Geburtstag in Cuxhaven. Es waren nur wenige Gäste in dem großen Restaurant, und die Kellner gingen abgenutzt und abgewetzt umher, und sie entschuldigten sich, es sei auf der Speisekarte bereits vieles gestrichen. Die Saison ist zu Ende. Mein Freund blätterte indes in der Zeitung und suchte nach der sogenannten Würdigung zu meinem achtzigsten Geburtstag. Er fing an laut vorzulesen. Schon nach den ersten Sätzen erkannte ich, wer die Entwürdigung geschrieben hatte. Es war jene Frau, jene einstige Kulturredakteurin einer Berliner Zeitung, als es noch ein Hüben und Drüben gab. Mein Freund hörte alsbald mit dem Lautlesen auf und deutete durch Lautmalerei an, daß da noch mehr stand, als er vorgelesen hatte. Wie das eben so ist, jedenfalls hatte die Dame es geschafft, auch zu meinem achtzigsten Geburtstag ihr Kübelchen Jauche über mich auszugießen. Nun bleibt ihr nur noch eine Gelegenheit, die sie auch vermutlich nicht auslassen wird: mich noch ein bißchen zu verunglimpfen, wenn ich gestorben bin.

(Diktat vom 10.9.1993.) Lassen wir meine achtzigjährigen Zu- und Abneigungen links liegen. Übermorgen interessieren sie nur mich noch in einer von Eitelkeit besetzten Stunde. In zwanzig Jahren noch den oder den von meinen Söhnen und dann niemand mehr.

Sehen wir nach Ernstle, den es einmal gab. Sehen wir in den Pappkarton hinein, in dem ich das Gewesene aufbewahre. Auch dünne Nichtheiten nehmen mit der Zeit Raum ein und füllen Behälter, obwohl die vergangenen Nichtheiten im Leben eines Kerls, der mit der Weisheit liebäugelt, nichts mehr zu suchen haben. Man könnte aber auch diesen Nichtheiten vorwerfen: was habt ihr euch auf ein Leben wie das meine eingelassen, ihr hättet ja, ohne euch mir in den Weg zu stellen, mich mein Lebenspensum herunterreißen lassen können.

Ich hatte eine Zeitlang Ernstle nicht gesehen. Ich fragte das Wilhelminele nach ihm. Du hast das Ernstle nicht gesehn, röchelte sie voll Freude über die Nachfrage, nein, ich hab ihn nicht gesehn.

Nun, das gibts ja, man sieht emmes eine ganze Zeit nicht, und dann sieht man es doch wieder. Wenn ich nur an meine halbgroße Scher denk. Eines Tages war sie nicht an dem Platz, an dem sie es sich sonst wohlsein ließ. Es war, als wäre sie von einem Engel gestohlen worden, der seinen langen weißen Rock verkürzen wollt. Nach drei Wochen ist die Scher doch wieder da. Sie liegt in ihrem Bett im Nähmaschinenkäschtele zwischen Woll und Garn und Sternzwirn.

Wie zierlich sie log, diese Wilhelmine! Und ich bestärke sie noch bei ihrer Lügnerei, wie man das so aus Takt macht. Ja, ja, sage ich, so erging es mir mit meinem Feinschreibstift. Ich suchte und suchte ihn, dabei hockte er in einer Tasche meines Sonntagsrocks und wartete auf eine Erleuchtung von mir.

Aber auf ewig konnte das Wilhelminele ihren Bua nicht verrede. Die Dorfbewohner stellten den wirklichen Vorgang Wahrheitchen bei Wahrheitchen zusammen. Es ging auf Weihnachten zu. Das Wilhelminele stattete Ernstle mit einer für ihn hohen Geldsumme aus. Er sollte in Rheinsberg einkaufen für die Weihnachtstage und bis für die Tage nach Silvester hin. Eine Pelzmütz fürs Väterle, eine Mütz mit Ohrenklappen für Ernstle selber, gepolsterte Pantöffle für das Wilhelminele, Zigarren fürs Väterle, nicht ganz so teure Zigarren fürs Ernstle, ein Stück Ochsenfleisch, ein Butterpaket,

Rosinen fürs Christstollenbacken, was man halt so braucht fürs Christfest.

Es hatte weiß geschneit, jede Kreatur hinterließ Spuren auf dem Weg. Ernstle vertarnte seine Spur. Er trat in die Hufabdrücke der Kaltblutpferde von der Genossenschaft. Und das tat er, um nicht nach Rheinsberg, sondern nach Neuruppin zu gehen. Nach dorthin zog es ihn immer wieder, wie es einen streunenden Hund in ein bestimmtes Dorf zieht, in dem er eine ewig heiße Hündin erschnuppert.

Die Alten warteten auf seine Rückkehr. Er kam den ersten und den zweiten Tag nicht, er kam sogar Weihnachten nicht, und das Wilhelminele sah sich gezwungen, eine kleine Schwindelei zu erbrüten. Sie erzählte den Dorfleuten, Ernstle sei auf eine größere Reise gegangen. Er sei zu seinen Verwandten nach Waldbach gefahren. Waldbach, Sie wissen schon, wo mein Vater Schultheiß gewesen ist. Diese Lügen vom Wilhelminele warens wohl, die nie eine rechte Einigkeit von Wilhelminele mit dem Übermenschen, den sie Gott nannte, zuwege brachten. Zudem mußte sie noch darauf achten, daß Albert sich in seiner nuschligen Art nicht vertat, den Leuten erzählte, daß Ernstle ihn um die heurigen Weihnachtszigarren gebracht hätte oder so etwas. Nein, es hatte es nicht leicht, das Wilhelminele, ihren Sohn Ernstle sauber durchs Leben zu dirigieren.

Aber dann kamen Nachrichten von Dorfbewohnern, die Ernstle da und dort in Neuruppin gesehen haben wollten. Das Wilhelminele lief umher wie eine weiße Maus im Laufrad.

Für Albert war sein Sohn Ernstle so etwas wie Wilhelmineles Kater geworden, mal war er da, und es flossen Koseworte über ihn hin, mal war er weg, und um Wilhelminele herum zitterte die Bängnis, so wie das Flimmern über den Dachziegeln im Sommer. Nur gut, daß die Nachrichten, die die Dörfler über Ernstle aus Neuruppin brachten, so widerspruchsvoll waren. Ernstle, hieß es, sei getroffen worden, als er mit einer dürren Dame über den Paradeplatz in Neuruppin ging.

Er sei vorn gegangen, die Dame ein Stück hinter ihm, aber sie hätten trotzdem miteinander geredet und damit zum Ausdruck gebracht, daß sie zusammengehörten. Natürlich sprachen die Berichter nicht von einer Dame, sondern von einem Weibsstücke. Zeitchen später hieß es, Ernstle sei Zuhälter in einem Bordell, da kriegte Wilhelminele Oberwasser. Kannst sehn, wie die Leute lüge, sagte sie zu mir, in allen Zeitungen und Verlautbarungen stünde es, daß Bordelle und Zuhälterei in unserm Ländle ausgerottet seien, selbst wenn der Pieck so etwas zulasse würde, der Stalin würde es nicht dulde. Böse Zungen untergrüben die Moral ihres Ernstle.

Ich bin auf dem Kleinbahnhof im Nachbardorf K. Es gibt ihn heute noch, obwohl er verkümmert ist. Einen Bahnhof braucht die *Bevölkerung* dort, wo einmal einer war, nicht mehr. Ich fürchte, daß die Menschen aus solchen Tatsachen vergehende Zeit und den Fortschritt herstellen. Sofern man überhaupt noch mal in diese Kleinbahn steigt, sagt man zum Schaffner: halten Sie dort, wo einmal der Bahnhof von K. war, dort will ich aussteigen. Wenn der Schaffner meine Bitte vergißt, schleift mich der Zug bis zu seiner Endstation Rheinsberg. Ich will mich gar nicht von den Partikeln, die dort noch von Tucholsky umherschwirren, durchdringen lassen, aber ich rede jetzt von dem Bahnhof in K., als der noch benutzbar und mit einem Güterschuppen ausgestattet war. Ich fuhr dorthin mit meinem Ponygespann, um Fracht abzuholen, eine Häckselmaschine, ein Erbgeschenk von Evchens Großmutter. Bis zu diesem Tage hatte ich den Häcksel für meine Pferde mit der Axt hergestellt. Die Maschine war bereits verladen, da kam der Personenzug von Dierberg her, ich mußte meinen Ponyhengst fest, sehr fest halten, er war nicht gut auf die Lokomotive zu sprechen. Mit ihr hatte er vor einem Jahr einen Wettlauf gemacht, den hatte er verloren.

Ich sehe ein Hinterteil sich aus einem Personenwagen schieben, ich glaube das Hinterteil zu kennen, weil es auf eine besondere Art wackelt.

(Diktat vom 17. 9. 1993.) Ich habe mich nicht geirrt, der Hinterteilbesitzer ist Ernstle. Er hebt ein Wandschränkchen aus dem Waggon. Die Tür des Schränkchens ist mit Schnitzereien verziert, ein Affe tippt sich an die Schläfe und zeigt einem Esel den Vogel. Eine magere Weibsperson steigt aus, ebenfalls rückwärts. Sie trägt etwas Flaches vor sich her. Das Flache ist mit einem schmutzigen Badetuch umwickelt. Es kann ein Blechkuchen, ein Waschbrett oder die Platte eines kleinen Tisches sein. Ernstle erspäht mich und teilt mir, ohne mich groß zu begrüßen, mit, daß er ein neues Leben anfängt. Er hätte jetzt Liese, die aufpaßt, daß er ein anständiger Mensch bleibe. Liese ist eine Dreißigerin mit einem blassen knochigen Gesicht und tiefliegenden Augen, ist ein bißchen sehr rippig, wie es im Pferdehandel heißt. Sie ist uneins mit ihrer oberen Zahnprothese. Wenn sie ein paar Worte gesprochen hat, muß sie der Prothese mit ihrer Zunge entgegentreten, muß sie zurechtweisen und ihr zeigen, wo sie hingehört. Ob sie mit mir mitfahren können. Sie können. Die magere Liese muß erst nachsehen, ob heil blieb, was sie geschleppt brachte. Es ist ein Spiegel, ein Wandspiegel, die Spiegelfläche an einigen Stellen schon etwas wolkig. Liese betrachtet sich ein Weilchen im Spiegel, lächelt sich zu und zupft an ihrem schlecht verschnittenen aschgrauen Haar.

Unterwegs erfahre ich, daß es sich um ein wertvolles Schränkchen handelt, das Ernstle auf dem Schoß hält. Es enthält das Testament und ist die Erbschaft von Lieses Mutter.

Ist sie denn gestorben? Um Gottes willen, sie lebe noch, und so lang sie lebe, dürfen Liese und Ernstle das Schränkchen nicht öffnen, das hätten sie der Mutter versprochen.

Um diese Zeit sind das Wilhelminele und Albert schon unsere Nachbarn in Schulzenhof. Am Abend ist das Wilhelminele bei uns. Was sagscht jetscht, fragt sie mich. Ists eppes Gutes, oder ischts eppes Schlechtes. Das Wilhelminele enthebt mich der Antwort. Ich mein, es könnt eppes Gutes sein. Der Jung hätte an dieser Sach einen Halt, Kinder könnten keine komme.

Woher weißt du es, Wilhelminele.

Die Lies ist sterilisiert, denk mol. Sie wisse, daß man das von Partei aus verdammen müsse, was die Hitlerschen mit so Mensche gemacht hätten, die Lies wär ganz normal, antworte auf jede Frage, sei gut erzoge und vermaule sich nicht. Nur daß sie ebend nicht lese kann, nein, man müsse es verdamme, was die Hitlerschen da gemacht habe. Aber so sehr sie es von Partei aus verdamme, von ihr aus gesehn, habe ihr das gewisse Eppes doch eine Lebenserleichterung zugespielt. Stell dir vor, ich müßt mit meine Jahr nochmals mit Kindleschaukeln anfangen.

Und was sagt Albert zu seiner Schwiegertochter?

Albert ist im Dorfe als Tatschler bekannt. Er betätschelt und betatschelt die Frauen, besonders die jüngeren. Manche Frauen lassen es hingehen, sie wollen sichs nicht mit dem Bürgermeister verderben, aber wenn Albert zu eifrig wird, schlagen sie ihm auf die Finger. Man weiß das im Dorf, nur das Wilhelminele weiß es nicht, oder es hat nicht die rechte Brille für so Sach. Albert hat auch die Lies schon in einem stillen Winkel betatschelt. Man muß seiner Schwiegertochter freundlich entgegenkommen.

Und was sagt Albert zu seiner Schwiegertochter?

Ein bißle zu eckig wär sie ihm. Sie müßt ründer werden. Der Erbschrank von der Schwiegermutter wär ihm nicht übel.

So begann Ernstles neues Leben. Das Väterle brachte ihn wieder bei seiner Nachfolgerin als Gemeindebote unter, er sammelte wieder Spenden für die Hochwassergeschädigten in Bangladesch oder für die Erdbebengeschädigten auf dem Balkan. Stellt euch vor, sagt er zu den Bauern, ihr seid auswärts, und inzwischen tut sich die Erde auf, euer Haus fällt hinein, ihr kommt nach Hause und wißt nicht, wo ihr schlafen sollt. Ernstles Phantasie ist zwar plump, aber rege. Die Leute werfen ihm etwas Kleingeld in die Sammelbüchse. Wenn sie nichts geben, wissen sie, sie müssen Ernstle zu Mittag beköstigen. Er geht nicht davon, die Beköstigung ist teurer, sie werfen ihm lieber zwei Groschen in die Büchse.

Die Lies fand ihr Auskommen als weibliches Mitglied der Feldbaubrigade bei der Bauerngenossenschaft. Alsbald erzählten die Frauen, die die Klatsch- und Tratschmaschine bedienten, wie Ernstle und Lies aufeinandergeraten wären. Nachrichten aus der Klatsch- und Tratschzone mit abschwächenden Worten: soll woll … danach soll wohl Lieses Mutter *eigentlich* ein kleines Bordell für russische Besatzer unterhalten haben, zwei, drei leichte Mädchen, die sie angelockt haben soll, haben bei ihr für mittlere Dienstgrade bereitgestanden, und wenn Not an Weibern war, soll wohl Liese ein bißchen ausgeholfen haben. Die Klatschweiber sagten natürlich nicht Bordell, sondern benutzten das andere Wort dafür, das landläufigere.

In diesem Bordellchen soll sich wohl eines Tages auch Ernstle, den der Instinkt eines schnüffelnden Hundes leitet, eingefunden haben. Und wie überall, wo man ihm mit Güte entgegentrat, ganz gleich, ob es eine gespielte oder echte Güte war, fühlte sich Ernstle daheim und zu Hause. Lieses Mutter, die sich mit Menschen und Welt auskannte, soll ihn wohl haben umsonst lassen, so die Frauen, so traf Ernstle auf Liese, und die Mutter soll wohl Ernstle nach dem Beischlaf nicht hinausgesetzt haben, sie sollen ihn wohl als Hausmann dabehalten haben. Ein Rüsslein, das nicht artig genug war, rückte sich zurecht, wenn Ernstle mit brennender Zigarre und seinem steifen Blick erschien, ganz und gar eine Respektsperson, die sogar mich damals zu falschen Schlüssen verleitet hatte, als ich Ernstle das erste Mal auf der Dorfstraße traf. Ein oder zwei Mal soll wohl die Volkspolizei in der Wohnung von Lieses Mutter erschienen sein. Es heißt, ihr bedient hier Männer.

Wenn ihr das so nennt, weil mein Genosse Schwiegersohn dann und wann hier übernachtet, sagte Lieses Mutter. Sie war eine Auskennerin, das könnt ihr glauben. Sie winkte Ernstle heran, und Ernstle trat so auf, wie ich ihn schilderte.

Ernstles Parteiabzeichen bewies den Volkspolizisten, daß es in der Wohnung der Mutter Konetzke legal zuging. Aber etwas später soll wohl die russische Militärpolizei aufgetaucht sein. Auch sie stieß in ein leeres Nest. Aber Mutter Konetzke wurde von der Furcht gepackt, *abgeholt* zu werden, und da soll sie wohl aufgehört haben, leichte Mädchen mit brünstigen Russen zu verkuppeln, und Schwiegersohn Ernstle, der sich außerhalb des Bettes nicht gar zu eilig bewegte, wurde der alten Konetzke zum Aufsack, und der Scheinrespekt, den Ernstle für naive Seelen ausstreute, fand keine Verwendung mehr.

Natürlich hinterbrachte man dem Wilhelminele diesen und jenen Teil der Geschichte, aber das brave Weib schüttelte den Kopf so heftig, als ob es Ohrenzwang hätte, es berief sich auf Stalin und die Partei und blieb dabei, was verbote sei, das gäbe es nicht.

(Diktat vom 21.9.1993.) Ich erzähle wieder ein Weilchen von der Zeit, nachdem ich achtzig wurde, und ich sags so, wie man es sagt. Wie würde sichs auch aus meinem Munde anhören: die Zeit, nachdem ich mein achtzigstes Lebensjahr vollendete? Brr, brr. Ich stehle mir hie und da eine Stunde, um zu verpusten. Ich habe ein Recht dazu, das ist eine Überzeugung, die neu in mir auftaucht. Haben Menschen aus meiner Umwelt sie mir eingeredet? Ich kannte sie vorher nicht. Ist sie mit den Jahren in mir herangewachsen? Ich versuche mich zu erinnern, was mein Großvater mit achtzig Jahren tat. Da ging er noch umher, in seiner Stube in Tuchpantoffeln, auf dem Hof in Holzpantoffeln, trug seinen blauen Kutscherschurz wie früher, war wer, dachte jedenfalls, wer zu sein. Das Geläut der Ladenglocke riß nicht ab, die Geschäfte gingen, wie man so sagt, obwohl sie gemacht werden. Großvaters Hoffnungen auf die Rückgabe seiner in den Laden hineingeliehenen Gelder und deren Zinsen wuchsen an. Der Hitler hatte den Leuten befohlen, kauft am Ort und kauft deutsche Waren. Was hätte Großvater in seinem Alter mit den zurückgekehrten Geldern tun wollen? Hatte er etwa vor, in diesem

Alter selber noch ein Geschäft anzufangen? Noch hatte er kein Testament gemacht, aber er erwartete diesen Tag als etwas Beglänztes. Wir Kinder wußten, wie es ungefähr aussehen würde. Seit den Zeiten, da er mit meiner Mutter und ihrem Heindrich überworfen war, stand für ihn fest, und er ließ es uns wissen, daß weder meine Mutter noch Onkel Phile etwas von ihm erben würden, sondern nur wir, seine Enkel. Doch wir protestierten, wir wollten nichts von Testamentmachen und Sterben hören. Ich war schon lang nicht mehr daheim, als Großvater achtzig war. Er schrieb mir in seinem eigenartigen Deutsch, das sich noch immer nicht ganz vom Sorbischen erholt hatte, hin und wieder einen kurzen Brief. Vor allem wollte er wissen, ob ich meine Arbeit, die ich häufiger wechselte, unter Dache oder unter Himmel machen müßte. Und er riet mir, es stets so anzustellen, daß ich unter Dache kumme. Mutter hats im Kreize, ich kann noch loofen wien Hirsch. Die Briefe endeten stets mit der Floskel *Gesundheit wünscht dir dein dir liebender Großvater.*

Einmal lag einem solchen Briefe ein Foto bei, das einer meiner Brüder gemacht haben mußte. Es zeigte Großvater reichlich greisig, weißhaarig und ohne Mütze auf dem Planwagen mit der Schimmelstute davor. Von seiner rechten Schläfe meinte ich jene heraustretenden Adern, Vorboten eines nahenden Todes, erkennen zu können. Ich sah diese Adern später beim Vater, und ich sehe sie heute bei mir. Den beiden waren trotz der Adern noch zehn Jahre gegeben. Ich bin nicht bereit, sie bei mir als Hoffnungszeichen zu deuten. Ich habe meine Zeit gehabt, das genügt.

Und mein Vater, was tat er, als er achtzig war? Er richtete sich langsam darauf ein, Dorfältester zu sein und die jungen Genossenschaftsbauern mit guten Ratschlägen zu versehen. Eine Weile hatten sie ihn zum Vorsitzenden gemacht. Wir wissen, daß seine landwirtschaftlichen Kenntnisse nicht die tiefgründigsten waren, und für meinen Großvater waren sie überhaupt nicht vorhanden. Es war so, als ob sein Alter, seine achtzig Jahre, die Jüngeren dran zu glauben zwang, er müsse tiefgründige Erfahrungen haben. Seine Mißerfolge waren vergessen. Er gab gern Ratschläge und leitete sie mit der Präambel ein: Es ist eben, mein Lieber, doar dazu biste noch zu jung und hast die Erfahrung nicht.

Ich werde das nicht glauben, gerade die Erinnerung an meinen Vater und wie der sich mit achtzig Jahren trug, erweckte reizende Skepsis bei mir: Die tausend und mehr Glückwünsche, die eingetroffen waren – war der größte Teil nicht von den achtzig Lebensjahren, die ich hinter mir hatte, aufgerufen worden? *Kam* der Roman, der zu meinem Geburtstag erschienen war, nicht deshalb *an*, weil ihn ein Achtzigjähriger geschrieben hatte? Setzten die Leser, wie die jungen Bauern bei meinem Vater, nicht irrtümlicherweise voraus, daß da Wahrheit und Weisheit erwartet werden durfte? Hatten nicht vielleicht jene mißwollenden Journalisten recht, die mich in ihren Zeitungen den *Konsalik des Ostens*, also einen Vielschreiber, nannten? Hatten jene recht, die von meinen Büchern behaupteten, hohe Auflagenzahlen bestätigten den Mangel an literarischer Tiefe? Sollte ich denen sagen, daß diese These nicht von Literaturkenntnissen zeuge und daß die Auflagenhöhe der Bücher von Tolstoi zu seinen Lebzeiten, auch die von Dickens und anderen so überhebliche Behauptungen widerlegen würden? Aber wozu mit solchen Leuten polemisieren, die Entscheidung über die Güte literarischer Werke fällen Lesergenerationen. Trotzdem, mir war nicht wohl, und es wurde mir auch in der nächsten Zeit nicht wohler. Ja, da saß ich nun, wie ich anfangs sagte, und billigte mir zu, mich ein wenig verpusten zu dürfen.

Die Sonne stand schräg und septembrig, ich sah den vereinzelten Schwalben zu, die in dem großen Abzug nicht mitgenommen worden waren. Jedes Jahr bleiben so spät gebrütete Tötlinge zurück, und ich sah etwas, was ich noch nie bei Schwalben gesehen hatte: sie flogen ins Gezweig des Kirschbaums an meinem westlichen Fenster, und sie flogen zwischen den Blättern der Haselsträucher vor meinem Südfenster umher. Die Luft war schon zu kühl und verargte den

Insekten das Umherschwirren, aber an den Baumblättern saßen sie und schützten sich, und die Schwalbentötlinge scheuchten sie mit ihren Flügeln auf und fingen sie. Vielleicht haben sie noch zehn Tage zu leben. Der Anfang des Oktober war es, der wie so oft noch einmal die Sonne hervortrieb.

Ich war unzufrieden mit den Gedanken, die mich in meiner Verpustepause aufsuchten. Hatte ich mir nicht vorgenommen, nach meinem achtzigsten Lebensjahr ganz und gar bewußt zu leben und jeden Lebensaugenblick bis in seine tiefste Tiefe hinunter zu genießen?

Aber gerade diese Unzufriedenheit zeigte mir, daß ich schon wieder dabei war, einer Utopie nachzuhangen. Was mir die Schwalben vorführten, war etwas, was ich bis zu diesem Lebenstage noch nicht gesehen hatte, was neu für mich war, was zu den Vorgängen gehörte, von denen ich stets fürchtete, sie könnten übersehen werden und die mir das Beobachten und Aufschreiben mein Leben lang wichtig machten. Also zeigte sich, daß ich die Verschnaufpause nicht eingelegt hatte, weil meine Lieben es mir anrieten, sondern daß ich es aus eigenem Antrieb, vielleicht aus Instinkt, getan hatte.

(Diktat vom 4.10.1993.) Also kam es darauf an, meine letzten Lebenstage nicht mit Erinnerungen zu verbringen, aber es gibt ja zweierlei Erinnerungen, und es gibt ja verschiedene Erinnerungen. Die einen sind darauf aus, die Vergangenheit zu verklären, und die anderen helfen dazu, die Jetztzeit zu erklären. Mit denen habe ich mich hauptsächlich in meinen Büchern befaßt.

Eine von der ersten Sorte lagert noch irgendwo in meinem Hirn, sie stammt aus den Aufzeichnungen des Kalicko-Vaters: Als ich das erschte Moal mit die meine zusammenkroch, lagen wir uff eene Decke aus Gänseblümchen, unse Zudecke woar aus Wollust, und die steigenden Feldlerchen spornten uns an, der blaue Himmel über allem nicht zu vergessen. Eine Diarienseite später bemerkt der Kalicko-Vater nebenbei: Nun mußten wir hoch, denn es war ganz scheene naß ooch uff die Wiese. Eine poetisierte Begattungsszene also, bei der der Kalicko-Vater glaubte, zugunsten der Poesie, das Widerwärtige, das mit im Spiele war, weglassen zu müssen. Diesen Fehler, bilde ich mir ein, bei meinen poetischen Beschreibungen vermieden zu haben.

Eine andere Sorte von Erinnerungen versucht, politische und wirtschaftliche Situationen, die gewesen sind, zu verklären: Du, weeste, wenn ich bedenke, in meine Jugend haste een Hering für fünf Pfennige gekriegt, doas woar noch unterm Kaiser, erinnerte sich Schuster Paulko, als der Hering bei uns im Laden zehn Pfennige kostete. Es ist wohl so: es gibt Erinnerungen, die leben helfen, und mit denen hab ich stets ein wenig geliebäugelt, und es gibt Erinnerungen, die mit den Preisen von Heringen für die Wiederkehr eines Kaisers plädieren.

Aber mit welchen Gedanken und Taten nun wirklich die letzte Lebenszeit verbringen? Das Rezept wurde mir geliefert.

Der Verlag bediente viele große Buchhandlungen mit mir, mit meiner persönlichen Anwesenheit. Es wäre unklug gewesen, scheinweise zu sagen, es will sich mir nicht mehr, hinkend auf ein Podium zu steigen und dem Publikum vorzulesen, was ich aufgeschrieben hatte, was die Leute doch selber lesen konnten. Jedesmal ließ ich mich nach dem langen mühevollen Gang durch den Saal und nach dem Erklettern des Podiums, wie früher nach einer schweren Arbeit, in den Lesesessel fallen. Aber es wurde Beifall geklatscht, schon als ich durch den Saal ging. Jedesmal überfiel mich auf dem Wege zum Podium Panik, erinnerte mich das Beifallsgeräusch an die Zeit, da ich als Fünfundsechzigjähriger schwimmen lernte und gegen das Wasser ankämpfte, und ich sagte mir, vielleicht ist es gut gemeint, vielleicht beklatscht das Publikum die Gehleistung des hinkenden Achtzigers. Aber sie klatschten auch, als ich schon auf dem Stuhl saß, und ich mußte mich wieder erheben, so etwas wie eine Verbeugung machen, und ich nahm es mir übel, daß ich da etwas tat, was üblich war, aber ich willfahrte dieser Üblichkeit, denn so sind wir Menschen, und ich fürchte, besonders ich. Und ich bedankte mich für den herzlichen Empfang, und auch das war wieder so eine Üblichkeit, die dann in den meisten Fällen durch die Arbeit der Techniker unterbrochen wurde. Es wurde mir ein Mikrofon von der Größe einer gut genährten Hummel ans Revers meiner Jacke geklemmt, und es wurde mir ein dünner Draht durchs rechte oder durchs linke Hosenbein gezogen, und das erweckte den Eindruck, als sollte ich eine medizinische Operation überstehen. Alsdann sollte ich etwas sagen, einen Satz, an dem man ablesen konnte, ob das Mikrofon und der Lautsprecher sich einig waren. Mir fiel ein, daß ich nicht ganz ohne Gründe auf dem Podium saß. Nach dem Geschenk, das mir der Kanzler gemacht hatte, war ich zwar nicht arm, aber die Möglichkeit zu verarmen, bestand. Meine Kasse konnte ein wenig Aufmästung schon vertragen. Dieser Wunsch traf sich mit den Wünschen der Verleger, die sozusagen im Schuldturm saßen. Um Mikrofon und Lautsprecher auszuprobieren, sagte ich also: auf der Bühne sitzt ein Greis, der sich nicht zu helfen weiß. Es war ein Halb-Kalauer, und das Publikum lachte. Das war ein gutes Vorzeichen. Ich weiß nicht, ob ich tausendmal oder noch öfter vor Publikum gelesen hatte, und sobald die ersten Lacher aus dem Publikum kamen, wurde es mir leichter, und die Spannung, die sich während des Ganges zur Bühne gebildet hatte, zerriß.

Eva und ich hatten im Ausland gelesen, und wir mußten damit rechnen, daß die meisten Zuhörer gekommen waren, um sich zwei merkwürdige Deutsche anzusehen, die Bücher geschrieben hatten. Aber es waren natürlich auch Leute da, die Deutsch verstanden und die da lachten, wenn im Text eine Stelle vorkam, über die man lachen konnte.

Einmal las ich vor deutschem Publikum, und vorn in der ersten Reihe saß ein Ehepaar, das die Lippen nicht mal hob, wenn alle anderen lachten. Das irritierte mich. Ich unterbrach meine Vorlesung und sagte den Zuhörern: seien Sie unbesorgt, ich verüble es keinem, der aufsteht und geht, wenn er sich von meiner Vorleserei gelangweilt fühlt. Das Ehepaar fühlte sich sogleich gemeint, und die junge Frau sagte: ich habe gelesen, es sei unfein, den Vortrag eines Schriftstellers durch lautes Gelächter zu unterbrechen. Ich und mein Mann, wir schmunzeln lautlos innerlich. Wenn aber ein ganzes Publikum nur innerlich schmunzelt, wie jene junge Frau das ausgedrückt hatte, so gelange ich nach einer halben Stunde an einen Punkt, an dem ich das Podium verlassen möchte, und wo mich eigentlich nur der abgeschlossene Vertrag daran hindert, es zu tun.

Das erlebte ich kürzlich in einer Stadt hier ganz in der Nähe. Es gab keinen Lachlaut, das höchste war ein sichtbares Schmunzeln. Ich aber bin, wenn ich mehrmals aus einunddemselben Buch vorlese, zum *Routinier* geworden. Ich weiß wie ein Schauspieler, welche Textstelle ein Gelächter im Publikum provoziert, aber hier blieb und blieb es aus, und als mich am Schluß die Veranstalterin fragte, wie es mir gefallen habe, sagte ich: überhaupt nicht. Nach und nach kamen wir drauf: die Leseveranstaltung wurde von zwei Kameraleuten gefilmt. Wir hatten die psychologische Wirkung der Filmerei nicht berücksichtigt. Es wurde auch ins Publikum hineingefilmt, und sobald die Zuhörer die Kamera auf sich gerichtet fühlen, nehmen sie Haltung an, sie wollen schön dasitzen und nicht fläziglachend ins Bild hinein. Besonders Damen, die sich gefilmt fühlen, fangen sofort an, etwas an ihrer Frisur zurechtzutupfen, oder sie fangen an, an ihrem Rocksaum zu zupfen, obwohl der ihnen nicht kurz genug sein konnte, als sie das Leselokal betraten.

Die schlimmste Situation, die mir in dieser Beziehung einfällt, war die Uraufführung meiner Erzählung *Die blaue Nachtigall oder Der Anfang von etwas*. Ich las sie in Weimar, wo alljährlich im Sommer germanistische Fortbildungskurse für Dozenten und Lehrer aus Ost- und Mitteleuropa stattfanden.

Die Uraufführung fand im Großen Saal der Musikhochschule statt, und auch da waren *Televisionisten* dabei und machten Aufnahmen. Wieder wie vorhin geschildert, keinerlei Reaktionen, ich hatte mit dem Vortragen der Erzählung noch keine Erfahrung und wußte nicht, wo und wann ein Lacher fällig war. Eine neue Erzählung, mit der ich eigentlich zufrieden war, und keinerlei Reaktion. Ich war so verzweifelt, daß ich mich am liebsten nachts aus dem Hotelfenster gestürzt hätte. Doch am nächsten Tag erfuhren wir von den Lehrgangsteilnehmern, die Geschichte hätte sie gefesselt, aber sie mit Lachen oder Bravorufen zu unterbrechen, hätten sie sich nicht getraut, und sie hätten ihrer Botschafter wegen, die den Film vielleicht zu sehen bekämen, nicht gewagt, möglicherweise an falscher Stelle zu lachen oder ihre Gunst zum Ausdruck zu bringen. Es waren schwere politische Zeiten damals und ganz Osteuropa von Sektiererei durchseucht.

Inzwischen ist die Geschichte von der blauen Nachtigall mit über zweihundertfünfzigtausend Exemplaren aufgelegt worden. Ich hätte es nicht zu wissen gekriegt, wenn ich mich damals aus dem Fenster gestürzt hätte.

(Diktat vom 13. 10. 93.) Als der dritte Band des *Ladens* erschienen war, luden mich Buchhändler aus vielen Städten ein, dort zu lesen. Viele, viele Einladungen. Ich hätte wahrscheinlich keine dieser Einladungen angenommen, wenn ich allein hätte zu den Veranstaltungen fahren müssen. Nach dem Autounfall im Frühling stellten sich meine Familienmitglieder fürsorglich zwischen mich und das Auto. Zu alt, hieß es, zu unrasche Reaktionen, hieß es, jede Fahrt könne wieder mit einem Unfall enden, hieß es. Es gab Augenblicke, in denen ich geneigt war, meine fünfundfünfzigjährige unfallfreie Autofahrerei untergraben zu lassen. Ich mußte mein Selbstbewußtsein portionsweise wieder einsammeln. Schließlich hieß es, um mir die Selbstsicherheit nicht ganz zu nehmen: du kannst nicht weite Strecken fahren, am Abend lesen, womöglich am Nachmittag und am Abend lesen, wie es dann tatsächlich geschehen ist, und dich am nächsten Tag mit zer-

bröckelter Konzentration wieder in den Straßenverkehr werfen. Aus diesem Zerwürfnis mit der Welt retteten mich schließlich die Leute vom Verlag. Sie erboten sich, mich zu den Veranstaltungen, die ihnen besonders wichtig waren, zu kutschieren. Diese Tatsache bestätigte wieder einmal meine instinktive Überzeugung, daß es, wie ich zumindest von meinem Leben behaupten kann, keine Zufälle gibt. Ich weiß, wie viele Gegner diese Ansicht hat, wie viele sie in die Bereiche des Glaubens verweisen. Das nebenbei. Jedenfalls wuchsen mir mit den Leuten, die mit mir unterwegs waren und mich betreuten, zwei neue Freunde zu. Das will im Alter etwas bedeuten. Wir tasteten in Gesprächen einander ab, durchforschten uns nach Vorlieben und Abneigungen, erkundeten die Gesichtswinkel, mit denen wir auf die Welt und in die Welt sahen. Sie umsorgten mich, fuhren mich bis vor die Hoteleingänge, brachten mich und mein Gepäck auf die Zimmer, und ich hatte keinen Augenblick das Gefühl, daß sie mich aus Geschäftsgründen so in Watte packten. Sie freuten sich, wenn die Säle, in denen ich zu lesen hatte, *überbesetzt* waren. Sie beobachteten die Reaktionen des Publikums und berichteten mir später darüber, kurzum, sie machten meine Sache zu der ihren und manchmal mehr, als ich es selber tat, und sie beschwichtigten meine Skepsis, die sich immer wieder nach vorn drängte, und meine Zweifel, die immer wieder versuchten, mich zu lähmen.

Wir fuhren nach Suhl. Mit dieser Stadt verbindet mich ein besonderes Erlebnis.

Ich hatte den ersten Band des *Wundertäter* geschrieben, er wurde dort in der *Bezirkszeitung* als Fortsetzungsroman abgedruckt. Bei einer bestimmten Schicht von Lesern stieß er auf Ablehnung. Bolschewistische und katholische Sektierer trafen sich in dieser Ablehnung. Es war kein Risiko, es waren nicht die Worte eines Politikers, sondern die Worte eines Romanschreibers, die abgelehnt wurden, eines Mannes, dem keine Macht zur Verfügung stand, Leute, die ihn verunglimpften, zu belangen.

Ich sollte damals im großen Kulturraum eines Werkes lesen und das an einem Vormittag. Vor dem Lesen sollte ich dort ein *gutes Frühstück* kriegen. Das Frühstück wurde mir von den Küchenfrauen verweigert. Ich hätte so schlecht über die Frauen geschrieben.

Ja was denn? Es stellte sich heraus, daß die Frauen, die mich am härtesten bedrängten, das, was sie mir nachsagten, nicht selber gelesen hatten, aber sie hätten davon gehört.

Hier, hier steht es, hieß es mit eins aus dem Hintergrund der Küche. Eine ältere Frau mit einer Köchinnenmütze schälte sich aus dem Küchendunst. Sie warf die schon reichlich durchfettete Bezirkszeitung auf den klebrigen Küchentisch, sie fuhr mit ihrem dicken Zeigefinger über die Zeilen, durch die ich bei den Frauen in Ungnade gefallen war. Wir steckten damals noch in der pseudokeuschen Welt, in der selbst die meisten Zeitungskritiker die Gestalten eines Romans nicht vom Verfasser zu trennen vermochten. Man fragte nicht, welche Romanfigur sagt etwas, sondern alles, was im Roman gesagt wurde, wurde dem Verfasser zugeschoben.

In der Zeit, in der ich hätte frühstücken sollen, fand ich mich gedrungen, die Küchenfrauen über den Unterschied zwischen dem Verfasser und seiner Romanpersonage aufzuklären. Wir glühten damals noch, unsere Nachbarschaft aufzuklären und aufzuklären, politisch, ökonomisch und natürlich auch literarisch. Aufklären – das zählte zu den sozialistischen Tugenden. Die Zeilen und was mit ihnen gesagt wurde, stammten von einem Weiberhasser und Weiberfeind, der ein Zeitchen lang durch den Roman ging.

Ist ja ganz egal, wers sagt, aber du hast es geschrieben. Die ergraute Alte mit der weißen Kochmütze war nicht aufzuklären, aber einige jüngere Frauen sahen es ein bißchen ein, und sie waren es schließlich, die mich nicht unabgefrühstückt auf die Bühne ließen.

Der Saal war voll, und der Beifall, mit dem ich empfangen wurde, war wie ein Geklecker. Ich sah Gesichter, aus denen mir Wohlwollen entgegenkam, und ich sah finstre Gesichter, in denen sich Verachtung spiegelte. Ich wußte aus Leserbriefen, die in der Bezirkszeitung abgedruckt wurden, welche Ursache diese Verachtung hatte, und ich hatte mich präpariert und trat mit zwei Büchern auf, mit dem *Wundertäter* und mit der Bibel. Die Bibel hatte ich mit dem Schutzumschlag eines modernen Buches getarnt. Ich las etwa eine Stunde aus dem *Wundertäter*, dann ermunterte der Veranstaltungsleiter zur Diskussion. Damals war das Vorlesen aus einem Buche in unserem Ländchen ohne nachfolgende Diskussion unmöglich. Alles mußte diskutiert werden, am besten zerdiskutiert.

Nun ist das mit der Diskussion so eine Sache, man muß viel erlebt haben und alt geworden sein, um hinter die Mängel von gesellschaftlichen Verhaltensweisen zu gelangen. Damals, ich glaube, auch heute noch, gibts Leute, die behaupten, aus Rede und Gegenrede erwüchse die Wahrheit. Ich kann mir nicht helfen, solange ich darüber auch nachdenke, ich habs nie erlebt. Vielmehr stellte ich stets fest, daß einer, der diskutiert, den anderen, mit dem er diskutiert, zu seiner Meinung herüberziehen möchte, und der andere hat ungefähr das gleiche im Sinn. Wenn nun aber der zweite Diskutierer nicht auf die Meinung des ersten Diskutierers einschwenkt, bleibt in dem mindestens ein Gran Antipathie gegen den Diskutierer Nummer zwei stecken. So auch wieder umgekehrt. Sie wissen fürderhin, in dem Punkt, über den sie diskutierten, sind sie sich nicht einig. Vielleicht geraten sie etwas später wieder in eine Diskussion, und die Antipathien verfestigen sich auf beiden Seiten. Aus diesem Mehl sind die Parteien, ist der Parteienstreit gebacken. Man kanns ja in der Politik, die sich die große Politik nennt, erkennen, wie schwer es ist, in einer einzigen gesellschaftlichen Notwendigkeit zu einem Kompromiß zu gelangen.

Aber zurück in den Saal des Kulturhauses in Suhl. Zuerst hörte ich Lobendes über den Roman aus den Mündern jener Leute, die mir freundlich zugetan waren. Die Gegner rutschten derweil unruhig auf ihren Stühlen umher, bis einer herausplatzte: Aber die Sauereien in dem Buche, wer kann das aushalten? Die Huren, die da drinne vorkommen, muß das sein? Man sagte Lobenswertes über das Buch, aber am meisten schmähte man es und erwartete, daß ich gegenreden, mich rechtfertigen oder entschuldigen würde. Ich tat nichts dergleichen und bat, eine ganz kleine Geschichte aus meinem neuen Buch vorlesen zu dürfen. Ich durfte. Und ich las:

Als ich neulich, auf der Straße wurde es langsam Nacht, mich am Treiben der Jugendlichen erfreute, sah ich einen Jüngling, er stand vor einem Eckhaus und schien auf etwas zu warten.

Nach einer Weile trat aus dem Haus ein Weib im Hurenschmuck, listig, wild und unbändig, und man sah ihren Füßen an, daß sie nicht im Hause bleiben konnten. Sie ging auf den Jüngling zu und küßte ihn unverschämt, und ich konnte hören, wie sie zu dem Jüngling sagte: da bist du ja, ich habe dich lange gesucht, aber nun bist du da. Hast du nicht Lust, mit mir zu kommen, ich habe mein Bett mit Parfum besprengt, komm, wir wollen dort liegen und uns bis zum Morgen lieben, mein Mann ist nicht daheim, kommt vorläufig auch nicht wieder, er hat die Haushaltskasse mitgenommen und ist davon. Und sie küßte ihn wieder, und ihr Mund war so glatt, und er ging mit ihr ...

Im Saale wurde es unruhig, und ein Mann, der sich besonders eifrig für die Moral unter den Menschen verantwortlich zu fühlen glaubte, rief mir zu: Schon wieder was von Huren, du kannst wohl nichts anderes, was.

Ich nahm den modernen Schutzumschlag vom Bibelbuch und erklärte, daß ich eine Episode aus der Bibel gelesen hätte, eine Geschichte aus den Sprüchen Salomos, ich hätte sie nur in ein moderneres Deutsch übersetzt. Im Publikum brach ein Gelächter aus, und auch die Gegner meines *Wundertäter*-Romans lächelten zur Vorsicht ein wenig mit, und mein Hauptankläger verließ den Saal, und sein Geschimpf klang durchaus nicht sonderlich moralisch, und die Diskussion war zu Ende.

Das war vor etwa vierzig Jahren, und seitdem hatte ich nie wieder in Suhl vorgelesen. Aber nun, nachdem der dritte *Laden*-Roman erschienen war, wurde ich von dort besonders eifrig und herzlich eingeladen, vor allem von einem Buchhändler, der vor vierzig Jahren die Diskussion um den *Wundertäter*-Roman miterlebt hatte.

(Diktat vom 19.10.93.) Ein Freund vom Verlag brachte mich nach Suhl. Ich erinnerte mich an meinen Auftritt von damals. Neugierig auf meine Zuhörer war ich nicht, Menschen verändern sich langsam und wenig, der Widerstand gegen den *Wundertäter* wurde damals von kirchlichen Kreisen über die sogenannte Zonengrenze hinweg aus Fulda geleitet. Fulda und Suhl waren immer noch gleichweit voneinander entfernt, die Zonengrenze jedoch war verschwunden, dem Widerstand war es leicht gemacht, nach Suhl zu fliegen. Jener Buchhändler, der vor vierzig Jahren dabei war, versicherte, die Nachfrage nach dem *Laden* drei sei groß, die siebenhundert Plätze in der Konzerthalle fast ausverkauft. Diese Tatsache mußte für die Suhler Verhältnisse, wie ich sie kannte, nicht positiv sein.

Am Abend stakte ich, auf meinen Jakobsstab gestützt, zur Veranstaltung. Den Jakobsstab, den mein Sohn Jakob mir schenkte, ich glaube, ich beschrieb ihn schon. Er ist schwarz und dünn, und seine Zwinge ist mit glänzendem Weißblech beschlagen. Wer ihn sieht, nimmt ihn nicht ernst und hält ihn für ein Spielstöckchen. Aber eben das ist der Trick, es ist ein Zweig meiner Eitelkeit in ihm versteckt, ich muß sie immer wieder erwähnen, diese Eitelkeit, und muß sie beekeln, weil ich hoffe, eines Tages wirds ihr zuviel, und sie verläßt mich.

Alle Wege, die ich gehen muß, scheinen es darauf angelegt zu haben, für mich länger zu sein als für meine Begleiter. Meine Begleiter gehen gemächlich, gehen so, wie sie immer gehen. Ich habe mich verändert, meine Schritte sind kürzer und bedächtiger geworden. Ein Mißgeschenk des Lebens zum achtzigsten Geburtstag. Es kommt vor, daß meine Begleiter vergessen, daß sie sich mit einem Alten beluden, sie gehen plaudernd voran, und ich falle zurück. Ich werde trotzig, ich verlange von meinen Schritten, daß sie mich mit der gleichen Länge bedienen, mit der sie mich bis vor einem halben Jahr durchs Leben trugen. Sie fangen sich an zu fürchten und gehorchen mir für eine Weile, ich erreiche meine Begleiter. Sie meinen, ich hätte mich bewußt ein wenig vertrödelt, sie können doch nicht immer daran denken, daß da einer in etwa hundertfünfzig Tagen seine Schrittlänge verlor. Sie erwarten, daß ich mich an ihrem Gespräch beteilige, doch so sehr ichs auch will, ich kanns nicht. Die Schrittlänge, die ich trotzig meinen Beinen abforderte, hat meinen Atem zu einer Art Jappen verkürzt, Schritte und Atem verhalten sich zueinander wie liederlich eingezogene Schnürsenkel. Auf der einen Schnürschuhseite zu kurz, auf der anderen zu lang.

Meine Mutter wurde schon in jungen Jahren gezwungen, in den Kriegszustand mit ihren Schritten zu treten. Ich höre sie sagen, looft man schon immer und looft, ich kumm denn schon nach. Oder sie arbeitete mit einem Trick und sagte: wenn man so schnell looft wie ihr, sieht man ja bloß die Hälfte am Wege. Sie bückte sich ächzend, pflückte ein wildes Stiefmütterchen, rief uns zurück und erklärte uns, weshalb die kleine Blume Stiefmütterchen heiße. Das Blütenblatt sitzt auf einem Kelchblatt, erklärte sie uns, zwei der Blütenblätter aber säßen zusammen auf einem Kelchblatt, sie wären die Stiefkinder der Blütenblattfamilie. Ich wandte ein, dann müsse die kleine Blume doch nicht Stiefmütterchen, sondern Stieftöchterchen heißen. Du mit deine Empfindlichkeit uff die Wörter, sagte die Mutter. Aber was sie erreichen wollte, hatte sie erreicht, eine kleine Pause zum Verschnaufen.

Endlich kamen wir in Suhl an der Halle an, in der ich lesen sollte. Da waren außen und da waren innen Treppen und Treppen zu erklimmen, die mir mein Alter und meine Unfähigkeit vorhielten. Es war mir peinlich und unerträglich, meine Begleiter sich meiner Treppenkriecherei anpassen zu sehen, und ich verfiel auf das Rezept meiner Mutter. Gehn Sie schon, gehn Sie, ich komme irgendwie nach.

Eine Viertelstunde später bemühte ich mich, forsch auf die Bühne zu gehen. Meinen Stock ließ ich undankbar in den Soffitten umherlungern. Ein voller Saal, siebenhundertfünfzig Leute, sagte man mir später. Die Leute saßen gestaffelt, so nennt man das wohl, wie in einem Theater. Die Unterhaltung im Publikum, wie ein gleichmäßiges Rauschen oder Brausen, nahm stoßweise ab. Es war, wie wenn der alte Stadtmüller in meiner Heimatstadt das Wehr ruckweise abdrehte. Dann färbte sich das Geräusch, das aus dem Publikum zu mir heraufdrang, um, es wurde prassliger. Der Beifall von eintausendvierhundert Händen. Es schien alles so ablaufen zu sollen wie bei anderen Lesestunden auch. Der sympathische Buchhändler, von dem schon die Rede war, führte mich mit der Bemerkung ein, es sei gar nicht nötig, mich einzuführen, ich wäre für die Suhler ein alter Bekannter. Im Saal wurde vereinzelt zugestimmt. Es waren also Leute im Publikum, die damals dabei waren, als meine Vorlesung mit einem Kapitel aus dem *Prediger Salomo* endete. Kurzum, der Buchhändler übergab mich dem Publikum, und es geschah etwas, was ich bis dahin nicht erlebt hatte. Ich erinnerte mich an jene kleine Frau auf dem Rummelplatz meiner Heimatstadt, nein, ich erinnerte mich nicht nur, sondern ich wurde zu dieser Frau.

Man hatte sie in eine Puppenvilla gezwängt, die Villa war höchstens fünfzig Zentimeter hoch. Man konnte sich nicht vorstellen, daß darin die kleinste Frau der Welt wohnte, wie es hieß, aber dann öffnete sich an einem Spitzgiebel ein Fensterchen, und die kleinste Frau der Welt steckte eines ihrer Ärmchen heraus, es war nackt bis zum Ellenbogen.

Das geschah auf der Rampe der Schaubude, und neben dem Puppenhäuschen stand der sogenannte Anreißer und schwärmte, soweit seine rauhe Stimme das zuließ, von der Winzigkeit des Mädchens in der Puppenvilla. Zu besichtigen wäre diese Fee von einem Mädchen auf der Bühne innerhalb der Schaubude, und der Anreißer versprach, daß das Mädchen bei all seiner Winzigkeit dafür sorgen werde, daß man sich gut unterhalte.

Das erlebte ich also auf der Bühne eines großen Konzertsaales in Suhl, während ich einen Schluck Wasser trank und mein Buch aufblätterte. Ich war das Mädchen von damals, das aus seinem Haus herausmußte, um, wie vom Anreißer versprochen, das Publikum zu unterhalten. Im selben Augenblick schob sich eine andere Schaubudennummer durch das Gestrüpp meiner Erinnerungen nach vorn. Eine Liliputanerfrau, die kleinste Tänzerin des Landes, der kleinste Jongleur weit und breit, die Qualität der artistischen Leistungen wird durch die Tatsache gekennzeichnet, daß sie von kleinen Leuten ausgeführt werden. So auch der kleinste Alleinunterhalter der Liliputwelt. Auf der Bühne erscheint ein gravitätisches Männlein, sein Gesicht ist steif wie der Lichtkegel einer Taschenlampe, der gegen eine Wand fällt. Mimisch ereignet sich nichts in diesem Gesicht, ein Unvermögen, das sich für jemand, der nicht scharf hinsieht, als Talent ausgibt. Er holt aus seiner Jackentasche einen dünnen Bindfaden und sagt im Berliner Dialekt: morjen häng ick mir uff. Nicht die geringste Bewegung in seinem Gesicht, aber die hundert Leute in der Schaubude lachen. Es ist ja wahr, dieses Heimchen von einem Mann braucht keinen Strick, um sich zu erhängen, aber einen dickeren Bindfaden als den, den er vorzeigt, wird er dann wohl doch benötigen. Und in dieser unpassenden Stärke des Stricks liegt der Witz, über den die Leute lachen.

Meine Erinnerung vermochte nicht zu behalten, welchen Grund der kleine Mann für seinen beabsichtigten Selbstmord angab. Vielleicht, daß ihm die kleinste Tänzerin, die vor ihm aufgetreten war, eine Liebesabsage gemacht hatte. Ich weiß, daß ich mich für diesen Mann bangte. Wie würde dieser Mann ohne Mimik Zuschauer unterhalten und belustigen, denn das hatte der Anreißer draußen versprochen. Ich weiß nicht mehr, wie es das Männlein fertigbrachte, aber die Zuschauer lachten, so gut es ging, weil der Geburtsfehler des kleinen Mannes, sein unbewegliches Gesicht, den abgeschmackten Witzchen, die er monoton erzählte, entgegenstand. Man hörte Schnorcheln und Keckern aus dem Publikum, der hat was druff, rief jemand. Und zum Schluß rief ein anderer, des is ne Marke, als der Kleine zum Ende seiner Nummer wieder den Bindfaden aus der Jackentasche zog und die Leute zu seinem Begräbnis einlud. Das alles lief in meiner Erinnerung ab, als ich in meinem Buch die Stelle anblätterte, die mein Leseanfang sein würde. Ich hätte mich auf meine Sache konzentrieren müssen, statt dessen war mir so wie damals, als ich mit dem kleinen Mann bangte, der ohne besondere Fähigkeiten, wie vom Anreißer versprochen, das Publikum in der Schaubude kräftig unterhalten sollte. Weshalb zögerte ich, weshalb bangte ich? Es war mir, wie mir bestätigt wurde, doch schon des öfteren einigermaßen gelungen, zwei- und dreihundert Zuhörer zu unterhalten, indem ich ihnen etwas aus meinen Büchern vorlas. War es der Ort, an dem ich vor vierzig Jahren in schlechtem literarischen Ruf stand, den ich bei einem Teil der Leser austilgen mußte? Ich saß da allein und altersgekrümmt auf der Bühne, vor mir die vielen, vielen Zuhörer auf ihren gestaffelten Sitzen bis fast an die Decke der Konzerthalle. War es dieser Umstand, der die Bängnis in mir schürte? Ich hörte die Stimme meines tschechischen Arztes, der mir jährlich empfahl, nicht nur im Thermalwasser das zu tun, was ich Schwimmen nannte, sondern es auch im Wasser unserer kalten märkischen Seen nach der Kur weiter zu üben. Das muß man sich gewehnen, sagte er. Und mit diesem Ansporn warf ich mich in meine Vorlesung.

Es war still in dem großen, großen Raum, und ich bildete mir ein, vielleicht bangt jetzt jemand mit dir wie du damals mit dem kleinen Mann in der Schaubude, und ich las und ich las und ich suchte nach beifälligen Zeichen in den Gesichtern der Zuschauer in den ersten Reihen. Die Zuhörer prüften mich, ich prüfte die Zuhörer. Die Zeit des Einanderkennenlernens, wie oft hatte ich sie schon durchlebt, aber diesmal war es anders, ein gelinder Druck wollte nicht von mir weichen, bis ich an die Stelle des Buches kam, an der ich den

Jähzorn meines Vaters beschreibe, und wie der die Füllung aus der Küchentür trat, und wie meine Mutter das entstandene Loch mit Packpapier verklebte und draufschrieb: dieses ist die Wut meines Mannes. Die Szene löste Gelächter aus, und das setzte sich von den unteren Zuhörerreihen bis in die oberen Reihen fort, und der Druck wich aus mir, und ich setzte mich etwas gerader hin und verjüngte mich, und ich saß und las und von Zeit zu Zeit immer wieder zustimmendes Gelächter der Zuhörer, und ich las eine Stunde lang. Dann trank ich einen Schluck Wasser und tat, als wolle ich meine Vorlesung beenden, und das wollte ich auch.

Drunten im Zuhörersaal rührte sich nichts. Hatte den Leuten in Suhl das, was ich eine Stunde lang vorgelesen hatte, noch weniger gefallen als vor vierzig Jahren die Vorlesung aus dem *Wundertäter* eins? Hatte ich einen Saal von Zen-Buddhisten vor mir? Ich hatte mich in den vergangenen vierzig Jahren mit deren Ansichten vertraut gemacht. Für sie war der Ton der einen Hand im Gegensatz zu dem Klatschgeräusch, das entstand, wenn sie beide Hände zusammenschlugen, entscheidend und wichtig, und man brauchte lange, um herauszufinden, wie sich der Ton einer Hand ausnahm.

In meiner Verwirrung nahm ich noch einen Schluck Wasser und blätterte nervös und absichtslos in meinem Buch, und ich kriegte den Ton von beiden Händen der vielen Zuhörer sozusagen fuderweise entgegengeschleudert, und ich fragte, als Ruhe eintrat, ja, können Sie denn noch, und ein Ja in vielen Schattierungen klang mir entgegen. Ich las weiter, und eine große Sicherheit kam über mich, weil, wie ich wähnte, das unsichere Publikum von Suhl mich angenommen hatte.

Und ich las noch etwas länger als eine halbe Stunde, und da ereignete sich dann das, worauf ich einige Stunden lang stolz war: die Zuhörer erhoben sich Reihe für Reihe von unten bis oben und bedankten sich mit dem Ton beider Hände. Es wollten mir die Tränen kommen, aber ich dachte: nur das nicht. Ich ahnte, was ein Schauspieler erlebt, den das Publikum mag, ein Schauspieler, den der Beifallshunger immer wieder auf die Bühne treibt, der sich gedrungen fühlt, mit immer anderen und noch anderen Rollen dieses Erlebnis, für Minuten von der Gunst des Publikums getragen zu werden, aufs neue herbeizuholen.

Ich weiß nicht mehr, wie der Freund aus dem Verlag und ich und mit wem wir den Nachabend verbrachten. Ich weiß nur, daß meine Gefühle mich an jene erinnerten, die ich hatte, als ich das erste Mal vom Nikidskij Sad aus, jenem wundervollen Garten, der sich mir so darbot, als hätte ich ihn als Kind ausgeträumt, wie man bei uns sagt, also im Traum ausgebrütet, auf Jalta und über das blaue Schwarze Meer in etwas hineinsah, das für mich die Verkörperung des Himmels bedeutete.

Noch am nächsten Morgen, als wir weiterreisten, dachte ich, das war wohl nun das, was man den Höhepunkt des Lebensglücks nennt, und ich sprachs naiv sogar aus, mein Reisegefährte schwieg, und ich war mir trotzdem in meiner achtzig Jahre alten Naivität seiner Zustimmung sicher.

Zwei Stunden später mußte ich feststellen, daß ich Alter immer noch nicht gelernt hatte, weder einseitig nach oben noch einseitig nach unten zu sehen, daß ich die goldene Mitte, auch Harmonie des Lebens genannt, noch nicht in mir befestigt hatte.

Wir kamen in den nächsten Ort, in dem ich lesen sollte, und dort in die *Rezeption* des Hotels, in dem wir übernachten wollten. Die Rezeption war eigentlich nur ein schmaler Gang, der zur Treppe hinführte, der Gang war nur breit genug für eine Person. Die Anreisenden standen wartend hintereinander, um nacheinander ihre *Formalitäten* erledigen zu können. Ein Neu-Ankommender konnte nur an das Ende der Reihe gelangen, wenn die schon Dastehenden den möglichen halben Schritt zurücktraten. Es kam ein etwa dreißigjähriger Mann vom Typ Hoppla-jetzt-komm-ich, eine sehr selbstbewußte Frau hinter sich und dazu einen Jungen. Die anderen Reisenden hatten ihr Gepäck in einem Winkel am Eingang abgestellt. Er mußte mit seinem Koffer durch den schmalen Gang, der ihm gewährt wurde. Als er auf meiner Höhe war, drängte er mich mit seinem Koffer zur Seite, es war mir unmöglich, weiter zurückzutreten, denn hinter mir stand ein Tisch. Ich konnte mein Gleichgewicht nicht halten, taumelte, kam zu Fall, es krachte, es klirrte. Die Tischplatte war aus Glas, ich lag mitten in den Scherben am Boden. Sie zogen mich hoch, stellten mich wieder in die Reihe, wollten wissen, wie es geschehen konnte, ich erklärte es ihnen, sprach von einem Schubs und der Unmöglichkeit, ihn auszugleichen. Die junge Frau ging auf mich los, ihr Mann schubse niemanden, wie ich so etwas behaupten könne, und übrigens …, da wurde mir bewußt, daß ich für sie der alte Knattel war, der lieber hätte daheimbleiben sollen, und wirklich, ich schämte mich meines Alters, meiner Alterssteifheit, obwohl der Zwischenfall auch eingetreten wäre, als ich noch jünger und beweglicher war und arabische Hengste einritt.

In den Schaufenstern der Buchhandlungen hing mein Geburtstagsplakat, von dem ich eingangs schon erzählte, das Gesicht höchstens sechs Monate jünger als das jetzige, eine Ledermütze verwegen auf dem Kopf. Aber hier und in diesem Augenblick wurde mir gezeigt, wer und was ich wirklich war, besonders, während ich noch zwischen den Scherben lag. Ich habe keine Lust, bei diesem erniedrigenden Zwischenfall zu verweilen, das Leben hatte mich ermahnt, endlich meine Lehren zu ziehen.

Das gelang mir halb und halb am übernächsten Abend in einer weltberühmten Kleinstadt. Dort sollte ich in einer Kirche lesen, und es war das erste Mal, daß ich in einer Kirche las. Ich hatte es bisher, wenn es mir angeboten wurde, abgelehnt, das aber nicht, wie vermutet wurde, aus *ideologischen Gründen*, sondern weil es mir wie Entweihung und Lästerei vorkam. Ich war noch nicht mit der Scham fertig, die mich in den sogenannten Jahren der Reife beschlich, weil ich in der Dorfkirche, die ich besuchen mußte, um konfirmiert zu werden, zuweilen während der Predigt Karten gespielt hatte.

(Diktat vom 31. Oktober 1993.) Ich sollte in der Jakobskirche lesen, das war ausgemacht und festgelegt. Früher lasen Eva und ich fast jedes Jahr in Weimar. Da saß ich jedes Mal ein Zeitchen lang auf der Bank neben Christianes Grab. Einst hörte ich den Walther sagen: in meiner Jugend pflegten wir, besonders unsere Mädchen, wenn wir nach Weimar kamen, am Grab der Christiane Rosen niederzulegen. Ach ja, der Walther, der wohlwollende Begleiter meiner Schriftstellerjugend. Er ist lange tot. Man beleidigte ihn, wenn man seinen Vornamen nicht mit th schrieb. Wenn auf Plakaten, die eine Veranstaltung mit ihm ankündigten, sein Familienname in der Mitte nicht mit c geschrieben war, sagte er die Veranstaltung ab.

Es war in den letzten Jahren seines Lebens: wenn wir ihn besuchten und uns im *Astloch*, seinem Haus, in seiner kleinen Stube mit ihm unterhielten, suchten wir anschließend sein Grab auf. Dort stand sein Grabstein schon fix und fertig, nur das Todesdatum fehlte. Wir saßen auf der Bank, die er schon hatte für die Hinterbliebenen errichten lassen. Er war ein großer Vorsorger. Er hatte sogar seinen Tod vorbedacht, auch seinen Grabredner testamentarisch bestimmt. Es ging ihm alles gut aus, wie die Bayern sagen. Einem heutigeren Manne ging es nicht so gut aus, ich stellte ihn euch vor, als wir über Worpswede und Heinrich Vogeler sprachen. Er war von einem Gedicht, von einem Haiku einer heutigen Dichterin, so angetan, daß er es auf seinen Grabstein setzte. Er ging ein bißchen weiter als der Walther damals, er ließ nicht nur sein Geburtsdatum, sondern auch sein Sterbedatum auf den Stein setzen. Sein Sterbedatum? Wußte er das denn? Er wußte es nicht, aber er wußte sich zu helfen. Gestorben zur rechten Zeit, ließ er meißeln. Diese Prophezeiung ließen ihm die Stadtväter nicht durchgehen. Er durfte den Stein nicht auf die angekaufte Grabstelle setzen. Wer will, kann dieses Grabmal trotzdem besichtigen, es steht ganz vorn zwischen anderen Grabsteinmustern im Schaufenster des Steinmetzen. Das Schaufenster ist ein Garten mit allem, was zu einem

Garten gehört. In einem langen Leben, zu dem man wer weiß woher und von wem verpflichtet ist, trifft man eben auf ein Doppel der kuriosesten Ereignisse und Verhältnisse.

Ich sitze also auf meiner Bank nahe der Jakobskirche für meine halbe Stunde mit Christiane. Das Rosenbäumchen neben dem Grab ist abgeblüht, wer kann wissen, das wievielte es ist. Es steht hier und blüht und wacht und blüht, bis es hinstirbt und abgelöst wird. Es steht am Grabe der ungewöhnlichen Dichtersfrau, die einst als junges Mädchen künstliche Blumen herstellte. Daran denke ich, und an ihn denke ich, den man den Dichterfürsten nennt und der nicht an ihrem Begräbnis teilnahm. Er lag zu Bett, er lag oft zu Bett, wenn er Ereignissen und Dingen, die unangenehm waren, entgehen wollte. Er lag oder legte sich zu Bett, als das Weimarer Theater brannte, und wer weiß, wann immer noch. Und da fällt mir wieder einer ein, den ich den *listigen Augsburger* nenne und der, wenn man von Goethe sprach, zuweilen sagte: der Säuferrr, der! Dabei bin ich mir nicht sicher, daß er viel von Goethe gelesen hat. Einmal sprach ich mit ihm von Beethoven, und er sagte: Beethoven, das ist mir immer wie Kriegsmusik und Schlachtengemälde! Es fügte sich, daß wir mit der Weigel darauf zu sprechen kamen: Dieser Aufschneider, sagte sie, er hat nie Beethoven gehört, der Brecht. Also dürfte es auch mit seinen Goethe-Kenntnissen bestellt gewesen sein. Aber etwas hatte er vom Säufer Goethe übernommen: rechtzeitig ins Bett, wenns zu dick wird, da bist aus allem raus. In dem Bauernstück, das ich vielleicht schon zu oft erwähnte, war ein Bauer verpflichtet, in eine bestimmte Versammlung zu gehen, er wollte nicht. Schicken wir ihn ins Bett, sagte der listige Augsburger, im Bett, da kann dir keiner was, das merk dir mal!

Und noch immer dachte ich über das Verhältnis von Goethe und seiner Christiane nach. Ich bin mir heute sicherer als vor vierzig Jahren, daß sein sexuales Begehren gespalten war. Wenn ich nur an seine wilden Zeiten denke, in denen er die Nächte mit seinem Diener auf demselben Lager im Gartenhaus verbrachte, wenn ich an das intellektuell erotische Geschwärm mit der Frau von Stein denke, es mag ihm manchmal, bei entgegengesetzten Beteuerungen, ermüdend gewesen sein, und da läuft ihm diese unkomplizierte Blumenmacherin aus der Firma Bertuch über den Weg, und sie gibt sich ihm ohne Geplänkel und Erwägungen hin und verlangt nicht, daß ers täglich mit ihr treibe, belästigt ihn nicht, sucht, was sie braucht, wo sie es findet, und ist ihm ohne Umstände wieder zu Willen, wenn er des Geredes und der hinhaltenden Briefe der Frau des herzoglichen Pferdeeinkäufers über ist.

Ich sehe Leute vom Friedhofstor zum Kirchenportal gehen, einzeln, dann in Gruppen. Es ist schon dämmerig, ich bin erstaunt, wie rege manche in die Kirche gehen, aber da fühle ich, daß ich beobachtet werde, ihr wißt, man spürt das. Es ist ein Fotograf, der sich herangeschlichen hat. Er hat sich hingehockt, er tut so, als wölle er in der Dämmerung die Inschriften auf den alten Grabsteinen entziffern. Wenn ich ihn auslasse, bringt er seine Kamera in Anschlag. Glaubt es, oder glaubt es nicht, da erst geht mir auf, daß die Leute, ohne mich wahrzunehmen, wie die Bienen im Flugloch im Kirchenportal verschwinden, und immer noch begreif ich nicht recht, daß es sich um Leute handelt, die mich lesen hören wollen, und ich sitze hier bei Christiane und komme mir vor wie ein Hochstapler. Was habe ich denn zu verkünden? Nichts. Ich habe aufgeschrieben, wie ich die ersten zwei Jahre nach dem Weltkrieg römisch zwei verbrachte, ich habe versucht, es so getreu wie möglich aufzuschreiben. Ich schätze, daß die Hälfte der Leute, die in die Kirche streben, gleiches erlebt hat, und die Jungen, die da kommen, was glauben sie, was ich ihnen verkünden kann? Eigentlich bin ich es gewohnt, daß sie meine Bücher ablehnen, weil sie nach ihrer Ansicht unmodern sind, aber vielleicht ist es nur ein bestimmter Teil, sind es bestimmte Zirkel, die einander bestärken, zur literarischen Moderne zu gehören, zur *Moderne* der heutigen Zeit.

(Diktat am 3. November 1993.) Modern und unmodern sind für die Kunst keine dauerhaften Werte. Die jugendlichen Stürmer von vor zweihundert oder hundert Jahren würden aufhorchen, erlebten sie, daß die Bücher von Goethe und Jean Paul, von Wilhelm Raabe und von Hesse, die sie in grüner Unwissenheit als langweilig und unmodern abstempelten, noch gelesen werden, während von den mit ihnen modisch Herumrandalierenden heute kaum noch jemand etwas weiß. In der Kunst kommt es nicht darauf an, wie *modisch*, sondern wie kosmisch sie ist.

Es wird Zeit. Ich mische mich unter die Kirchgänger. Andächtig stimmende Halbdunkelheit hinter dem Portal, ein Opferstock für Kollekte. Jemand sitzt an einem Tischchen und kassiert. Die eiserne Kasse bellt jedesmal, wenn sie ein Eintrittsgeld schluckt. Meine rechte Hand fährt automatisch in die Gesäßtasche. Jemand hält meine Hand fest, der Herr hat freien Eintritt, heißt es.

Man weist mir einen Platz an, im Altarraum sind Elektriker dabei, eine vorteilhafte Beleuchtung für einen Vorleser herzustellen. Die Erinnerung an meinen ersten Kirchgang drängt sich mir auf. Ich sitze in dem putzwunderlich schönen Kirchlein von Grauschteen Weltkrieg römisch eins. Die Mutter hat uns mitgeteilt, der Vater muß leider Weihnachten in einem Unterstand in Frankreich verleben, sein Vorteil, er wird über mehrere Sterne von Bethlehem verfügen, die platzenden Granaten der Franzosen. Ich weiß noch nichts von Zynismus, ich wäre gern beim Vater im Unterstand mit seinen vielen Bethlehem-Sternen.

Meine Mutter hat die Schwester und mich mit Alma, dem schönen Schulmädchen, zur Andacht in die Kirche geschickt, um freie Weihnachtshand zu haben.

Seit jenem Winterabend sind Kirche und Kerzen für mich eine Einheit. Vor jedem Kirchgänger züngelte auf der Bank eine Kerzenflamme hin und her. Eine Orgel gabs nicht in der Kirche, die Glocken waren zu Kanonen umgegossen worden, alles, alles Entbehrliche für die Front! Der Vater also etwas Entbehrliches, denn auch der war an der Front. Der Pastor stimmte das Lied von der Stillen, Heiligen Nacht an, die Frauen und die wenigen alten, kahlköpfigen Männer stimmten ein, und der Gesang bewirkte, daß sich die Kerzenflammen nach vorn legten, als wöllten sie alle zum Pfarrer hin. Man sang breit und noch im slawischen Tonfall, und nach jeder Strophe kehrten die Kerzenflammen zu ihren Inhaberinnen zurück. Das war der Kern meines ersten Kirchgangs, das war so, wie man alles erleben sollte, einmalig und immer wieder das erste Mal. Bei den Weihnachtsfeiern der späteren Kinderjahre war nur der rothaarige Junge in der Kirche und beschirmte seine Kerze. Es langweilte ihn, was ringsumher geschah, er dachte an das Tischchen mit der weißen Decke daheim, ob wohl drauf liegen würde, was er sich gewünscht hatte? Das zweite Erleben einer solchen Heiligen Nacht, oder war es nur die Sehnsucht, hatte der rothaarige Junge viele, viele Jahre später. Wieder war Krieg, Weltkrieg römisch zwei. Er fuhr mit anderen Soldaten über das Ägäische Meer, und englische Flieger bewarfen das Schiff mit Wasserbomben. O Wunder, sie trafen nicht, und er und seine Kameraden blieben am Leben, und das war das zweite Wunder einer Heiligen Nacht, die er erlebte.

Hier in der Jakobskirche in Weimar schien ihm das dritte Wunder entgegenzukommen. Ein alter Freund aus der Stadt, der sich zu ihm gesetzt hatte, flüsterte und zeigte auf das Altarpodest, hier wurden Goethe und Christiane getraut. Ja, ich wußte es, aber es war mir bis zu diesem Augenblick nicht bewußt. Es wollte Ehrfurcht in mir aufkommen, ich widersetzte mich, am Ende hätte diese Ehrfurcht mir die Stimme verschlagen. Der Freund vom Verlag erzählte mit gepflegten Sätzen, was die Zuhörer von mir zu erwarten hätten. Sie hatten nicht nur das Kirchenschiff bis auf den letzten Platz besetzt, sondern auch das zweistöckige Chorgestühl. Eine Stimmung wie von einem mittelalterlichen Stich ging von allem aus.

Und da saß ich dann und las, und ich wünschte mittendrein, manches von dem, was ich geschrieben hatte, hätte würdiger sein dürfen, und ich kam mir vor wie eine Mücke, die sich bei starkem Wind an einem Baumblatt festhält. Aber es wurde gelacht, es schien niemand in der Kirche zu sein, der sich fragte, ob das, was ich vorlas, würdig genug sei. Und wieder war es so, daß man mich aufforderte, weiterzulesen, als ich aufhören wollte. So oft Eva und ich in den vergangenen Jahren in Weimar in vollen, in überfüllten Sälen lasen, ich bin nie so ergriffen gewesen wie hier in der Jakobskirche, und zum Schluß saß ich in der Altarnische und signierte Bücher wie anderswo auch, bis schließlich eine junge Frau kam. Sie zog mir einen Hieb über, und sie sprach davon, daß eine neue Zeit angebrochen wäre, und ob ich es nicht für ein Wunder halte, daß ich, der Atheist, hier in der Kirche lesen dürfe, nein, sie wolle kein Autogramm von mir, es wäre ja noch schöner. Ich sah auf und sah mir die Frau genauer an, und ich sah in das Gesicht einer Sektiererin, in das Gesicht eines Menschen, der sich im Besitze der Wahrheit wähnte, einer der Menschen, von denen alle Uneinigkeiten der Welt ausgehen. Ich dachte gegen dieses von Zänkereien gezeichnete Frauengesicht an, dachte an das harmonische Gesicht jener Frau, das Lukas Cranach auf seinem Gemälde *Caritas* in die Welt schickte, ich hatte es, wenn ich in Weimar war, im Schloßmuseum immer wieder angesehen, und da fiel mir ein, daß Lukas Cranach wenige Meter unter mir in der Gruft der Jakobskirche begraben lag, und alles wurde an diesem Vorleseabend wunderlich und wunderlicher.

Wir wohnten im Hotel *Russischer Hof*. Dort hatte ich schon vor fünfundfünfzig Jahren zuweilen gewohnt. Damals war ich Gärtner und Autofahrer, und die herrschaftlichen Damen, mit denen ich durch Thüringen kutschierte, übernachteten im *Elephant*. Und der *Russische Hof* war die Absteige der Kutscher, der Kraftfahrer und Diener. Wenn ihr wüßtet, wie stolz ich war, als ich einige Jahrzehnte später mit meiner Familie jedesmal, wenn ich in Weimar war, im *Elephanten* logierte. Es war ein dummer Stolz, dem ich damals anhing, wie ich heute weiß. Und jetzt war wieder eine andere Zeit, und ich nächtigte wieder im *Russischen Hof*, und das Hotel *Elephant* lag für mich weit draußen im Unerreichbaren. Man sagte mir, es sei kein Platz für mich da, alle Zimmer besetzt von Dauergästen, die da gekommen wären, uns Leute östlich der Elbe zu lehren, wie man zu einer Demokratie kommt, na da, na da. Das Versprechen weckte Neugier in mir, denn ich habe in meinen achtzig Lebensjahren nie in einer Demokratie gelebt.

Aber wie es so ist, gegen die kleinste Trauer ist ein Trost gewachsen. Hier im *Russischen Hof* hatte einst auch Turgenjew gewohnt und sich darüber beklagt, daß man ihn in Weimar hätte frieren lassen.

Eva Strittmatter

Die Vateramsel ist da

Am Tag vor seinem Tode sagte er: Es ist noch eine halbe Kassette im Gerät, laß sie noch abschreiben ...

Das war einer der *unvermittelten* Sätze, die er in den peinvollen Wachzeiten zwischen den Dämmerphasen des Morphiumschlafes sprach, äußerste Andeutung, daß er eine *Ahnung* hatte von dem, was ihm jetzt geschah.

Seit Dezember 1966, als er nach einem Knöchelbruch wochenlang liegen mußte, hatte er all seine Bücher auf Tonband gesprochen, ja, er war so auf diese Arbeitsweise eingestellt, daß er sich sogar Briefe aufs Tonband vorsprach, sie dann über Kopfhörer *abnahm* und in die Maschine schrieb.

In den drei Monaten, die seit dem letzten Diktat vom 3. November 1993 vergangen waren, hatte er das Manuskript nicht einmal erwähnt, keinmal darüber geklagt, daß er nicht arbeiten konnte – was er sonst immer getan hatte. Sowie eine Störung seiner Gewohnheiten, eine Unterbrechung des Schreibens eintrat, wurde er unruhig, unlustig, beklagte sich, klagte sich, mich, Unzulänglichkeiten des Alltags, der Familienverhältnisse, der Freundschaftsbindungen an. Schreiben war *der* Existenzgrund, einziger Beweis für sein Daseinsrecht. Daß ihm das Leben schwer war, schwerer wurde in den letzten Jahren, war drückend fühlbar. Er war gesättigt von Melancholie. In den letzten Monaten ging diese Melancholie über in eine Trauer, die nicht mitanzusehen, nur mitzuleiden war.

1991 Anfang August, vor seinem 79. Geburtstag, glaubte er die Arbeit am dritten Band des *Laden* beendet zu haben. Er war zum äußersten erschöpft, hatte alle Kraft zusammengenommen gegen dieses Ende hin und alle Hoffnung darauf gesetzt, frei zu werden von der Belastung. Es zeigte sich, daß er nicht fertig war mit dem Manuskript. Er raffte sich auf, wie immer nach einer Krise, begann, das Manuskript vom Anfang an *aufzubrechen* und episch anzureichern durch eine Vielzahl von Geschichten, Gestalten, Lebenslinien, die er neu- oder wiederaufnahm. Der Roman gewann über alles Erwarten an Farbe und Fülle.

Zur Zeit dieses Noch-einmal-Beginnens machte er einen Besuch bei seiner Ärztin, sie ließ seine Lunge röntgen und sagte ihm, daß er, ihrer Meinung nach, einen Tumor hätte, *links unten*. Sie schlug ihm, *für den Fall daß*, eine Operation (Entfernung des linken Lungenflügels) vor. Davon erzählte er mir nichts, nur vom Verdacht der Ärztin. Auf seine (typische) Art sagte er: Die *Schneidern* will sich nur *wichtigmachen*. Ich habe doch nichts an der Lunge. Das würde ich merken. Ich kann ja voll durchatmen.

Eine Computertomographie ließ er erst am 2. Januar 92 machen. Und er triumphierte: nichts, vielleicht eine alte Vernarbung. Seine leisen Zweifel waren beschwichtigt, in keinem Falle aber hätte er einer Operation oder Therapie zugestimmt. Er wußte: eine Operation hätte ihn so geschwächt, daß eine Beendigung des Romans, wie sie ihm schließlich gelang, kaum möglich gewesen wäre. Er arbeitete bis zum 15. Mai 1992, neun Monate, weiter am Manuskript, *heldenhaft*, anders ist es nicht zu beschreiben. Er haßte das Wort *Held*, es war ihm suspekt wie deutsch, preußisch, Nation. Sagen konnte man es höchstens ironisch auf georgisch: *Erwin aris gmiri*. So hatte es unser Freund Lew Kopelew während unserer ersten gemeinsamen Kaukasusreise 1965 geprägt.

1987 hatte Strittmatter den dritten Band des *Laden* begonnen. Er wollte schildern, was *wirklich* in den Nachkriegsjahren in seinem Bossdomer *Kosmos* geschehen war. Bruchlos schrieb er über die Zäsur 89/90 hinweg. Er brauchte nichts zu ändern an seinem Manuskript, was das Politische anging. Alle Erweiterungen, Verwandlungen hatten nur epische, nur poetische Gründe. Dennoch brauchte er zusätzliche Kraft, das

Vakuum aufzufüllen, das entstand, die Spannungen zu neutralisieren, die er, wie alle, fühlte, in die er, wie alle, geriet. Die relative Sicherheit, mit der er sonst ein Manuskript *hinausschickte* und es sich in ein Buch verwandeln sah, das zu *seinen* Lesern sollte, war ihm verlorengegangen. Um so überwältigender mußte die Resonanz auf ihn wirken, die das Buch fand.

Wir hatten übrigens in dieser Zeit Unstimmigkeiten miteinander.

Ich wußte, wie erschöpft er war, und war dagegen, daß er Interviews gab und auf Lesereisen ging. Von dem Buch war ich so überzeugt, daß ich alle Bemühungen um Verbreitung und Wirkung für überflüssig hielt. Wie immer bekam er recht durch die Verwandlung in Literatur.

Als *das halbe Band* bald nach seinem Tode abgeschrieben war und ich das Fragment *Vor der Verwandlung* las, bat ich ihm meinen Unwillen, meine Unmutsbezeigungen ab – er hatte so eindringlich geschildert, was in ihm vorgegangen war, daß ich, hätte ich ihn überzeugt, für einen literarischen Verlust verantwortlich gewesen wäre. Die *Thüringer Lesereise*, das letzte Diktat vom 3. November über seinen Kirchen-Auftritt in Weimar mit der Rückblende in die Grauschteener Kindheit – sie hätten nicht entstehen können ohne den Eigensinn, keine Rücksicht auf seinen Zustand zu nehmen, sondern den Forderungen der Verlagsleute, der Öffentlichkeit nachzugeben.

Im Vergleich jener in *Vor der Verwandlung* beschriebenen Lesereise mit den Tagebüchern des Jahres 92 zeigte sich, daß er auch bei dieser letzten Arbeitsanstrengung seinem Prinzip der Verwandlung von Wirklichkeit in Literatur gefolgt war: er hat nicht etwa direkt übernommen, was er damals aufzeichnete, sondern hat Erlebnisse aus verschiedenen Reiserouten komponiert und komprimiert.

So ist auch das ganze Manuskript anzusehen, das hier nun als Buch erscheint. Es enthält Elemente von Wirklichkeit, wie er sie erlebte, erinnerte oder erinnern wollte, aber immer transformiert in eine andere Ebene der Wahrheit, in die der

Poesie. Ich kenne viele der *Fakten*, sehe, wie er sie gruppiert hat, wie weit er den Tatsachen gefolgt ist oder etwas anderes aus ihnen gemacht hat als das, was *wirklich* war. Aus all seinen Büchern, in denen mir vertraute Personen, Geschehnisse, Schauplätze vorkommen, bin ich das gewohnt. Selbst beim mündlichen Erzählen hielt er an Abwandlungen fest, die ihm gefielen, ließ er sich nicht dreinreden, es sei in Wirklichkeit anders gewesen …

Kaum war die *große Orgie* des achtzigsten Geburtstages und der *Laden III*-Vorstellung vorbei, ging die alte Geschichte los: ohne Schreiben, ohne ein neues Werk kein Existenzgrund, kein Daseinsrecht. Über quälenden Versuchen, in das am Ende des *Laden III* versprochene *Vorwerk* hineinzukommen, ging der Winter 92/93 hin. Eine Oktober 92 wiederholte Computertomographie hatte das Ergebnis gebracht: nichts Ernstes, keine Veränderungen. Das beruhigte bei den Anstrengungen, in ein neues Werk hineinzufinden. Im Februar 93 wurde die Operation eines Leistenbruchs notwendig, der, so nahm er an, bei dem geschilderten Autounfall am 15. April 92 entstanden war. Diese Operation war, so denke ich, *die* Lebens-Zäsur, danach hat er sich nicht mehr wirklich erholt. Trotzdem hat er sechs Wochen später mit der *eigentlichen* Arbeit an *Vor der Verwandlung* begonnen. Bis dahin ging es immer noch um das *Vorwerk*. Am 28. März 1993 aber notiert er: mein neues Buch soll *Vor der Verwandlung* heißen und den Untertitel *Aufzeichnungen* haben.

Im Laufe des Sommers führte er das Tagebuch, das ihm seit Jahrzehnten zur zweiten Natur, zu einem Ur-Bedürfnis, geworden war, mit dem Manuskript der eigentlichen Arbeit zusammen, seine Tages-Existenz verschmolz mit der literarischen. Er übertrug aus dem Jahrgang 92, was ihm wichtig erschien, zum Teil *original*, zum Teil *transformiert*, ins Manuskript. Über den Texten markierte er mit dem Kürzel *Erl. am …*, was er aufgenommen hatte in das Werk, das seine Gedanken beherrschte.

Den ganzen Sommer fühlte er sich schlecht und schwach,

so schlecht und schwach, daß er immer wieder Fernsehleute abwies, die seit dem Herbst 92 darauf warteten, ihn für ihre Sendereihe *Zeugen des Jahrhunderts* zu befragen: er sei nicht imstande, er habe keine Kraft mehr. Sie jedoch ließen ihm keine Ruhe, *zermürbten* ihn mit Anrufen und Besuchen und schafften es schließlich, ihn am 1. und 2. Oktober 93 in seinem Arbeitszimmer in Schulzenhof, das für alle und alles immer *tabu* gewesen war, über sein Leben zu behören. Obwohl er fast zusammengebrochen war bei der Anstrengung, in Gegenwart acht fremder Menschen über sein Leben zu sprechen, diktierte er am 4. Oktober weiter an seinem Manuskript. Am 7. Oktober fuhr er (sich selbst) nach Bossdom. Sein Bruder hatte am 9. Geburtstag, er wollte ihn besuchen und die Bibliothekarin Sylvia B. aus Spremberg treffen, mit der er in den letzten Jahren die geheimen Plätze seiner Jugendlieben aufgesucht hatte, Erinnerungsfahrten in das Land, nach dem sein Heimweh ging. Am 11. kam er zurück, am 13. diktierte er, am selben Tage zeigten sich Symptome einer Grippe, die ihn zwei Wochen niederhielt. Trotzdem am 19. wieder Diktat. Am 31. Oktober sprach er weiter aufs Band, am 3. November das letzte Mal. Von da an herrschte Krankheit. Am 16. November brachten wir ihn in die Stadt. Die Ärztin röntgte ihn und sagte: sieht böse aus. Er sagte: also das Ende ... Wir brachten ihn zurück nach Schulzenhof. Vom Augenblick an, als wir die Praxistüren hinter uns schlossen, bemühten wir uns nur um eines: ihn zu überzeugen, daß die Ärztin irrte. Er hat es schließlich geglaubt, den Kräfteverfall mit anderen Ursachen begründet. *Heldenhaft*, ich kann es nicht anders sagen, hat er der Krankheit widerstanden, dem Tod, der ihm *verkündigt* war.

Eines ist es zu schreiben: *ich habe meine Zeit gehabt*, wie er in *Vor der Verwandlung* tat, ein andres ist es, das Leben aufzugeben. Er hat es erst am Tag vor seinem Tod getan. Zu den *unvermittelt* gesprochenen Sätzen gehörte: *ich kann nicht mehr.* Stunden später ein einzelnes Wort: *morgen.* In der Nacht die Frage: *bleibst du in Schulzenhof? Bleibt Schulzenhof?*

Ich, die, im Gegensatz zu ihm, nie an *Verwandlung* glaubte, hatte plötzlich das Gefühl: wir sehn uns wieder. Ich sagte es ihm. Er sagte: *ich nehme dich mit.*

Er starb, wie er es sich gewünscht hatte: in seinem Bett in seinem Zimmer in Schulzenhof. Das Licht vom Fenster zu Füßen seines Bettes, das Licht des milden Mittags an jenem letzten Januartag, hat er vielleicht gesehen, als er die Augen noch einmal öffnete. Jakob war bei ihm, wir hatten mit ihm gewacht, wenn er in diesen Stunden schwersten Leidens (fast ohne Atem) wach war, wir hatten über ihn gewacht, wenn er im Morphium schlief. In seinen Tagebüchern der letzten Jahre steht immer wieder der Wunsch nach dem Tod, wie er sein soll: so sollte er sein.

Immer noch ist mir, er wäre an einem Irrtum gestorben. Wir hatten, aus unserer ersten Zeit, eine Abmachung, daß wir das Jahr Zweitausend zusammen erleben.

Das Schmerzlichste, denke ich, war für ihn, sein Manuskript nicht beenden zu können. *Noch eine Weile ohne allzu große Schmerzen schreiben … Das Buch beenden, das ich angefangen habe …* Im Manuskript die Hoffnung: *davon wird noch zu reden sein …* So viel Erlebtes noch, das zu erzählen blieb. So viele Menschen noch, die nicht vergehen sollten, die er bewahren wollte in Geschichten.

Aus dem *einen* Satz, mit dem er nach Monaten des Schweigens seiner Arbeit gedachte (*Es ist noch eine halbe Kassette im Gerät*) habe ich den Auftrag genommen, die Abschrift des Erst-Diktates zu *rekonstruieren*. Er überarbeitete seine Manuskripte mit immer neuen Umdiktaten, die er abschreiben ließ. Hier hatte er nur die ersten dreiundzwanzig Seiten handschriftlich korrigiert, dann in der Mitte noch einmal zwei Seiten.

Ich weiß nicht, wohin er das Manuskript schließlich geführt hätte, was hinzugekommen, was weggefallen wäre. Es war noch im *Ungestalten*, bleibt nun im *Ungestalteten*. Aber das, was da ist, spricht von ihm und wird, so denke ich, zu seinen Lesern sprechen, mit denen er sich so verbunden wußte, daß diese Bindung seit langem *stilbildend* wirkte: er sprach sie an, berief sich auf seine Bücher, auf die Gestalten, die er ihnen anvertraut hatte. Sein Verhältnis zu den Lesern beruhte auf Vertrauen.

In diesem Vertrauen übergebe ich ihnen sein Manuskript, auch bewegt durch Briefe: daß niemals wieder etwas von ihm zu uns kommen soll …

Bald, nachdem wir uns kennengelernt hatten, überraschte er mich durch seine Überzeugung, daß das Leben mit dem Tode nicht aufhört. Schon damals glaubte er an *Verwandlung. (Ich werde sein, in welcher Form auch immer.)*

Er war der erste Mensch, dessen Tod ich erlebte.

Die herzzerreißendste Erinnerung habe ich an einen Mittag im späten Januar. Ich hatte ihn die Treppe zu seinem Zimmer hinaufgeschoben – hinaufgestützt. (Er weigerte sich, dieses Zimmer über den Wipfeln der alten Bäume zu verlassen, sein *Nest*, in dem er lebte, schrieb, schließlich starb.) Er sank in den Sessel an seinem Arbeitsplatz. Ich riß die Tür zur Loggia auf, damit er Luft zum Atmen bekam, sah die früh erblühten gelbgrünen Haseln und rief ihm mein Erstaunen über die haushoch gewachsenen Sträucher zu. Er bewegte die offene rechte Hand von sich fort, die Hand, in der seit langem ein Zittern war, führte den Arm wie in eine unerreichbare Weite und sagte: *der Frühling …*

Nach seinem Tod fing eine Amsel an, unser Haus zu *belagern*. Flog gegen die Fenster, saß auf den Simsen, hackte gegen die Scheiben, erschreckte die Hausgäste, wenn sie um vier Uhr in der Frühe mit ihrem Klopfwerk begann. Ihre *Morsezeichen* hallten über das Tal. Wenn wir bei seinem Grab auf dem Friedhof gegenüber dem Haus standen, konnten wir sie von dorther hören und sehen. Niemals in vierzig Jahren war etwas geschehen, was diesem hier glich. Zwar Schwalben flogen jedes Jahr in die Zimmer und versuchten, Nester zu bauen. Aber eine Amsel, die Monat für Monat beim Haus blieb, war es ein Zeichen? Die Amsel war *sein* Vogel, er liebte sie über alle anderen Vögel. Wir sagten: die *Vateramsel* ist da.

Erwin Strittmatter

Der Laden

Romantrilogie

3 Bände in Kassette
Mit Szenenfotos
aus dem gleichnamigen Film
von Jo Baier

1504 Seiten
Band 5420
ISBN 3-7466-5420-3

Der Laden ist der magische Punkt in Erwin Strittmatters Romantrilogie. Hier treffen sich die Bossdomer, die Einwohner des kleinen Heidedorfes in der sorbischen Niederlausitz. Sie kaufen ein und erzählen sich Neuigkeiten. Esau Matt, gelernter Bäcker und heimlicher Schriftsteller, beobachtet und sammelt menschliche Eigenarten. Er erzählt von seiner Familie, den Zerwürfnissen und Versöhnungen. Dorfalltag und Weltgeschehen vermischen sich auf amüsante und skurrile Weise: »Ob Sommer, ob Winter, ob Krieg, ob Frieden – das Merkwürdige ist stets unterwegs.«

AtV

Aufbau Taschenbuch Verlag

Erwin Strittmatter
Der Wundertäter
Romantrilogie

3 Bände in Kassette

1555 Seiten
Band 5426
ISBN 3-7466-5426-2

Die »Wundertäter«-Trilogie, 1957, 1973 und 1980 entstanden, zeichnet den dornenreichen Weg des Stanislaus Büdner aus Waldwiesen vom poetisierenden Bäckergesellen zum kritischen Schriftsteller nach. Mit Erwin Strittmatters unverwechselbarer Erzählkunst aus Poesie, Menschenkenntnis und Humor gehört sie zu den großen Werken der neueren deutschen Literatur.

Erwin Strittmatter
Selbstermunterungen

123 Seiten
Band 5405
ISBN 3-7466-5405-X

Als eine Art Notizbuch entstand dieser Band: eine Sammlung von Sentenzen und Aphorismen, poetischen und humorvollen Betrachtungen über die Natur, das Schreiben und über das Leben. Es sind unmittelbare Einblicke in Erwin Strittmatters Welt-Anschauungen, bevor sie ins epische Werk eingingen.

»Seit ich am Leben bin, habe ich Fragen; vorher hatte ich keine, und nach dem Ableben werde ich vermutlich keine haben. Ja, sag ich mir, lebe ich also nur, wenn ich frage, oder frage ich nur, wenn ich lebe?«

Erwin Strittmatter

¾hundert

Kleingeschichten

144 Seiten
Band 5418
ISBN 3-7466-5418-1

Diese Kleingeschichten laden ein zum Blättern und Verweilen, zum Nachdenken und Wiederlesen. Ihre anregende Wirkung entsteht aus Lebenskenntnis, Naturverbundenheit und Entdeckerfreude, aus Witz, Humor und einem tiefen Gefühl für Landschaft und Leute der Mark. Die kleine Begebenheit, die Episode wird erobert von der verjüngenden Kraft der Poesie und vor dem Schein der Alltäglichkeit bewahrt. Erwin Strittmatters Sprachkunst und seine Fähigkeit, Verstecktes aufzuspüren, haben sich vereint zum Vergnügen für die Freunde der pointierten Kurzprosa.

Günther Drommer

Erwin Strittmatter
Des Lebens Spiel

Eine Biographie

Originalausgabe
Mit 30 Abbildungen

245 Seiten
Band 1654
ISBN 3-7466-1654-9

In Strittmatter lebten der Alltagsmensch und der Dichter. Manches, an das sich Esau Matt im »Laden« erinnert, hat sich auch in des Autors Leben so zugetragen, vieles ist allenfalls ähnlich, nicht weniges hat so, wie es beschrieben ist, nie stattgefunden. Als sich Strittmatter nach den Spremberger Schuljahren in vielen Berufen versuchte, war der unbedingte Wille zum Schreiben längst da. Erst nach dem Krieg, dessen mörderischem Finale er sich entziehen konnte, kam seine Zeit. Er gewann Freunde, die ihn forderten: Der erste und wichtigste hieß Bertolt Brecht. Vierzig produktive Jahre war das märkische Vorwerk Schulzenhof der Ort, an dem Strittmatter »des Lebens Spiel« in ein literarisches Werk verwandelte, das zum bedeutendsten unserer Zeit gehört. Weder die ländliche Distanz noch wachsende Berühmtheit haben seinen scharfen, kritischen Blick beeinflußt. In dieser kenntnisreichen, einfühlsamen Biographie wird den Berührungspunkten zwischen Strittmatters Leben und seinem Schreiben nachgegangen, den Spannungen zwischen beiden Polen und ihren Konflikten.

AtV

Aufbau Taschenbuch Verlag

Victor Klemperer

Ich will Zeugnis ablegen bis zum letzten

Tagebücher 1933–1945

Herausgegeben von
Walter Nowojski unter Mitarbeit
von Hadwig Klemperer
8 Bände in Kassette

1800 Seiten
Band 5514
ISBN 3-7466-5514-5

Victor Klemperers Tagebücher haben sich als unverzichtbare und unvergleichliche Zeitdokumente von außergewöhnlicher Faszination erwiesen. »Beobachten, notieren, studieren« – das war die ständige Forderung, die er an sich selbst stellte. Seine minutiösen Notizen über den Alltag der Judenverfolgung mitten in einer deutschen Großstadt lösten die selbstgesetzte Chronistenpflicht des zwangsemeritierten jüdischen Professors ein, den die Liebe seiner nichtjüdischen Ehefrau Eva vor der Deportation bewahrte. Tag für Tag, trotz ständiger Todesgefahr, Zwangsarbeit und entwürdigender Existenz im »Judenhaus«, hielt Victor Klemperer fest, was er erlebte, hörte, sah, was ihm zugetragen wurde: den täglichen Terror mit Razzien, ständig neuen Verboten und Schikanen, gelegentlich auch Gesten der Solidarität von Unbekannten, Gerüchte, politische Witze oder Bericht von Frontsoldaten. Er wollte der »Kulturgeschichtsschreiber der Katastrophe« sein, er wurde darüber hinaus auch der Chronist von bewegenden Schicksalen und Familientragödien, über die die Zeit hinwegging.

Lion Feuchtwanger

Die Jüdin von Toledo

Roman

468 Seiten
Band 5028
ISBN 3-7466-5028-3

La Fermosa, die Schöne, wurde im mittelalterlichen Spanien Raquel, die Tochter des angesehenen Juden Jehuda Ibn Esra genannt. König Alfonso VIII. von Kastilien hatte den Vater aus Sevilla als Minister an seinen Hof geholt, damit er die wirtschaftliche Zerrüttung des Landes aufhalte. Bei Alfonso erwacht bald eine tiefe Leidenschaft für die gebildete, tolerante junge Frau, und was für Raquel als politisches Opfer im Interesse der Vernunft und des Friedens begann, wächst auch bei ihr zu einer stürmischen Liebe für den kühnen, lebensfrohen König. Im Volk gilt Raquel als die eigentliche Königin, doch die wirkliche peitscht das Land in einen Krieg, für dessen verheerende Folgen schließlich die Juden verantwortlich gemacht werden.

AtV

Aufbau Taschenbuch Verlag

Christoph Hein

Von allem Anfang an

Roman

199 Seiten
Band 1129
ISBN 3-7466-1129-6

Daniel ist zwölf, dreizehn, mithin in einem Alter, in dem nichts mehr selbstverständlich ist: plötzlich merkt er, daß die mitteldeutsche Kleinstadt, in der er aufwächst, unendlich langweilig ist, ihm fällt auf, daß seine Mutter nicht mehr mit dem Vater redet, er muß erfahren, daß über die russischen Panzer in Budapest auf der Leuchttafel am Kudamm anders berichtet wird als in den Zeitungen daheim, und er lernt, wie man küßt. Ein aufregendes Alter, verunsichernd und beunruhigend – Daniel ist nicht mehr Kind und noch lange nicht erwachsen –, ein Alter, in dem alles möglich ist.

AtV

Aufbau Taschenbuch Verlag

Frederik Berger

Die Provençalin

Roman

Originalausgabe

702 Seiten
Band 1599
ISBN 3-7466-1599-2

Die Provence im 16. Jahrhundert: Die schöne Madeleine wird von vielen Edelmännern umworben – auch von Jean Maynier, dem stolzen Baron von Oppède. Als sie ihn zurückweist, beginnt er, sie mit seinem Haß zu verfolgen. Die tragische Verstrickung zweier Adelsfamilien nimmt ihren Lauf. Jean Maynier wird als Heerführer gegen die Waldenser zum Schrecken der Provence. Sein Sohn Pierre verliebt sich ausgerechnet in Madeleines Tochter, doch Jean Maynier versucht mit aller Macht, die Liebe seines Sohnes zu zerstören – und macht sich Madeleine endgültig zu seiner gefährlichsten Gegnerin.

AtV

Aufbau Taschenbuch Verlag

Philippa Gregory

Die
Schwiegertochter

Roman

Aus dem Englischen
von Ulrike Seeberger

400 Seiten
Band 1649
ISBN 3-7466-1649-2

Elizabeth ist die perfekte Schwiegermutter. Nur leider hat ihr Sohn Patrick mit Ruth nicht die perfekte Schwiegertochter geheiratet. Was bleibt Elizabeth da weiter, als sich selbst um Patricks Wohlergehen zu kümmern, vor allem aber um das ihres kleinen Enkels Thomas. Für Ruth wird ihre tatkräftige, mehr als gut gemeinte Fürsorge bald zum Alptraum und schließlich zur offenen Bedrohung. Sie muß alle Kräfte aufbieten, um wieder zu sich selbst und zu ihrem Mann und Sohn zu finden.

»Ein Gänsehaut machendes Psychodrama.«

Journal für die Frau

»Ein brillant geschriebener Roman über den ganz alltäglichen Familien-Horror.«

Stuttgarter Nachrichten

»Eine psychologische Studie, nahe bei Patricia Highsmith und Fay Weldon angesiedelt.«

Ostthüringer Zeitung

AtV

Aufbau Taschenbuch Verlag

Donna W. Cross

Die Päpstin

Roman

Aus dem Amerikanischen
von Wolfgang Neuhaus

566 Seiten
Band 1400
ISBN 3-7466-1400-7

Johanna, ein junges Mädchen mit überragenden Geistesgaben, wächst im Frankenreich des 9. Jahrhunderts, heran. Als Tochter eines strenggläubigen Vaters und einer heidnischen Mutter gelingt ihr, was allen Mädchen im Mittelalter verwehrt blieb: Sie erhält eine fundierte heilkundliche und philosophische Ausbildung. Doch Johanna weiß, daß ihr als Frau die letzten Tore der Weisheit verschlossen bleiben, ja daß sie kaum überleben wird. Als Mönch verkleidet, tritt sie zunächst ins Kloster Fulda ein und macht sich Jahre später auf den Weg nach Rom. Dort gelangt sie als Leibarzt des Papstes innerhalb kurzer Zeit zu großer Berühmtheit. Und schließlich ist sie es selbst, die die Geschicke der katholischen Kirche leitet: Als Papst Johannes Anglicus besteigt sie den päpstlichen Thron.

Donna Woolfolk Cross entwirft mit großer erzählerischer Kraft die faszinierende Geschichte einer der außergewöhnlichsten Frauengestalten der abendländischen Geschichte: das Leben der Johanna von Ingelheim, deren Existenz bis ins 17. Jahrhundert allgemein bekannt war und erst dann aus den Manuskripten des Vatikans entfernt wurde.

AtV

Aufbau Taschenbuch Verlag

Peter Tremayne

Die Tote
im Klosterbrunnen

Historischer Roman

Aus dem Englischen
von Bela Wohl

440 Seiten
Band 1525
ISBN 3-7466-1525-9

Anno Domini 666. In einer irischen Schwesternabtei findet man im Klosterbrunnen eine junge Frau, nackt und enthauptet. Man ruft Schwester Fidelma, eine Nonne königlichen Geblüts, um das Verbrechen aufzuklären. Fidelma, die unabhängige und selbstbewußte Heldin dieser Krimiserie, agiert in einer Welt des frühen Christentums, in der keltische Mythen und Bräuche noch starken Einfluß haben. Toleranz und Aufgeklärtheit der gebildeten Frau sichern ihr Macht und Einfluß.

AtV

Aufbau Taschenbuch Verlag

Fred Vargas

Die schöne Diva von Saint-Jacques

Kriminalroman

Aus dem Französischen von Tobias Scheffel

288 Seiten
Band 1510
ISBN 3-7466-1510-0

Im Garten der Sängerin Sophia im Pariser Faubourg St. Jacques steht eines Morgens ein Baum, der am Tage zuvor noch nicht da stand. Niemand hat ihn gepflanzt. Sophia empfindet ihn wie eine Bedrohung. Zwei Tage später ist sie spurlos verschwunden. Ihr Nachbar Marc, ein junger Historiker, derzeit ohne Job und ohne Frau, beginnt auf eigene Faust zu recherchieren, da weder der Ehemann noch die Polizei sich zunächst für den Fall interessieren. Und je tiefer er gräbt – unter der rätselhaften Buche wie in der Vergangenheit der verschwundenen Diva –, um so mehr Steine bringt er ins Rollen, die zwei Morde auslösen, bis er am Ende auf einen uralten Haß stößt, der beinahe auch ihn das Leben kosten wird.

»Es gibt eine Magie Vargas: ein origineller Blick, mehr noch poetisch denn realistisch, eine leichte, sprühende Intelligenz, ein scharfer Verstand, vom Humor temperiert, die Lust am Spiel und am Augenzwinkern, und eine ganz eigene Art, mit den Worten zu jonglieren.«

Le Monde

AtV

Aufbau Taschenbuch Verlag

Nino Filastò

Der Irrtum
des Dottore Gambassi

Ein Avvocato Scalzi Roman

Aus dem Italienischen
von Julia Schade

414 Seiten
Band 1601
ISBN 3-7466-1601-8

»Kapuzenmänner« nennen die Bauern in abergläubischer Furcht die unförmigen etruskischen Skulpturen, die in der stillen toskanischen Landschaft bei Grosseto ans Licht kommen, wenn das Erdreich aufgerissen wird. Sie tragen merkwürdige Zeichen, die keiner zu entschlüsseln weiß. Aber der ägyptische Altertumsforscher und Etruskologe Fami hat über sie den Standort eines unterirdischen sakralen Gewölbes entdeckt, das Unbekannte für gar nicht heilige Zwecke nutzen. Doch bevor er den vermuteten Schatz heben kann, wird seine Entdeckung ihm zum Verhängnis. Er wird eines Mordes verdächtigt – bei dem es keine Leiche gibt. Und als Corrado Scalzi, ein namhafter Florentiner Anwalt mit Berufsethos und Akribie, in dem Fall zu recherchieren beginnt, nimmt das anfängliche Allegro ma non troppo dieses italienischen Gesellschaftsromans eine unerhörte Wendung ins Dramatische.

»Ein atemberaubender, erstklassig geschriebener Mafiaroman.«
Buchmarkt

AtV

Aufbau Taschenbuch Verlag

Nino Filastò

Swifts Vorschlag

Roman

Aus dem Italienischen
von Christian Försch

272 Seiten
Band 1603
ISBN 3-7466-1603-4

In einer apokalyptisch anmutenden Megalopolis des späten 21. Jahrhunderts wird ein etwas heruntergekommener Detektiv von einem alten Mann beauftragt, seine Nichte und deren kleine Tochter zu suchen, die auf der Reise zu ihm verschollen sind. Während seiner Recherche auf den gefährlichen Wegen zwischen der »città alta«, der Oberstadt der Reichen und Mächtigen, und dem unterirdischen Labyrinth der »città bassa« gerät Degrado auf die Spur eines ungeheuerlichen Verbrechens und versucht sich ihm in den Weg zu stellen. Eine bitterböse Zukunftsvision vom Autor des Avvocato Scalzi.

»Ein erschreckend intelligenter und unheimlicher Roman.«
LIRE, Paris

AtV
Aufbau Taschenbuch Verlag